「言の葉」にのせたメッセージ

第16代駐中国日本国特命全権大使

垂秀夫 著

日本僑報社

刊行に寄せて

古来より、日本には「言の葉《ことは》」という言い回しがある。万葉集にも出てくる、とてもすてきな言葉だ。外交官も、また「言の葉」を扱う仕事である。外国との友好関係の増進だけでなく、二国間関係が破綻しそうになり、切った張ったの交渉を行う場合にも、外交官は「言の葉」を駆使する。決して戦争を起こしてはならないからだ。戦争は外交の敗北であり、戦争下では「言の葉」は無用の産物となる。外交官の使う「言の葉」は、その外交官の知見、経験、そして哲学に裏打ちされた「心声」（内心から発する声）であり、魂が宿っている。

大使に就任してから、いろいろな仕事を求められた。その中で最も多かったのが、人前で話すということだった。大使としての「言の葉」の披露である。幼い頃は人前で緊張することもあったが、いつ頃からか大勢の前で話すことに何の抵抗も感じることがなくなっていたので、毎回、挨拶やスピーチを楽しんだ。

会食での簡単なスピーチなど、即興で挨拶が求められるだけでなく、各種式典やレセプション、シンポジウムでは本格的なスピーチが求められ、しっかりと原稿を用意して臨む必要があった。

ただ、これは、考えようによっては、実に貴重な機会である。会場にいる数十名から、時には数百名に至るまでの聴衆が、粛然として自分のスピーチを聞いてくれる。こんな貴重な機会はそうそうにあるわけではない。単なる時候の挨拶や日中友好の美辞麗句で終わらせていいのだろうか、常にそう思っていた。

スピーチ原稿を用意する際に、私はスピーチしている自分を想像し、その場に最もふさわしいメッセージを贈れるよう、常に心がけてきた。どういうメッセージがその場にふさわしいか、ときには何日もかかって考え抜いた。同僚が用意してくれた原稿案を、直前まで何度も推敲し、毎回跡形もなくなるほど書き直すことになった。

私は大使在任中、主に二つのメッセージをスピーチに込めた。

ひとつは、歴史的観点から日中関係を考察すること、とりわけ日中両国の歴史は千年以上にわたって、助け合い（守望相助）の歴史であることだ。鑑真、空海、鄭成功、隠元、羅森、梁啓超など歴史上の人物が残した日中交流の物語が示すように、永遠の隣人である日本と中国の関係は、千年以上にもわたり、互いに助け合う人間ドラマが連綿と紡がれた関係にある。また、こうしたドラマは現在も進行しており、今を生きる我々もまた、このドラマの登場人物のひとりであるということを訴えてきた。

もう一つは、日中関係への警鐘である。日中国交正常化から五十年を経たにもかかわらず、日中関係は成熟するどころか、ジェットコースターの如く、浮き沈みを繰り返してきた。『論語』では、「五十にして天命を知る」と教えるが、日中関係はいまだに行くあてもなく彷徨っている。私が大使を務めていた時期も日中関係は厳しい状況に直面していた。中国当局は、日中間の低調な政治の雰囲気をともすれば民間交流や地方交流にまで影響を及ぼし、交流を阻止しがちであった。こうした状況に対し、日本国の大使として物申す必要があった。ただ、そうした場合においても、可能な限り、中国の古典や周恩来総理の言葉を使って、問題意識を投げかけるような配慮を怠らず、「言の葉」を最大限駆使した。

拙著は、私の外交官人生の締めくくりである、駐中国日本国大使時代に発信した主要なスピーチを取りまとめたものである。いわば「言の葉」に託した私のメッセージの集大成である。拙著の上梓にあたっては、日本僑報社の段躍中夫妻に対し、心から感謝を申し上げなければならない。段夫妻は、現役時代から私の「言の葉」に注目し、退任直後にはそれらをまとめることを強く薦めてくれ、私が何度も挫折しそうになっても、その都度献身的に支えてくれた。段夫妻の強い意志と協力がなければ、拙著は上梓されなかったであろうことは特に記しておきたい。

二〇二四年春
第十六代駐中国日本国特命全権大使
垂秀夫

「言の葉」にのせたメッセージ——目　次

「言の葉」にのせたメッセージ

私の対中アプローチ

©Tarumi Hideo

中国大使として赴任する直前に行った交詢社でのスピーチ。これまでの中国での知見・経験を踏まえた、三つの対中アプローチを披露。特に、日中関係を歴史的視点から考察することの重要性について言及した。

はじめに

先日、陛下の前で認証式を行わせていただきまして、次期中国大使ということで来月赴任する予定です。交詢社での講演はこれで二回目になります。由緒あり、伝統のあるこの交詢社で二回もお話をさせていただくことを光栄に思うとともに、深く感謝しています。

きょうは私が中国問題をどう捉えているか、どう見ているかということについて、時間の許す範囲でお話をさせていただきたいと思っています。私は一九八五年に外務省に入省しましたが、一九八六年の南京大学への留学以来三十数年にわたって中国関係に関わらせていただきました。その私が今中国をどのように見ているのかについてお話をさせていただきます。

一、中国をどう見るか

外務省に入省したときに、チャイナスクールの先輩の方から、中国をどう見るかということに関し、「群盲象をなでる」ということを教わりました。これが一番最初に私が学んだ中国問題へのアプローチでした。私が説明するまでもなく、「群盲象をなでる」という言葉は、目の不自由な方が象のどこをなでるかによって象に対する見方が大きく変わってくるということであります。その先輩は中国もどこを切り取るかによって中国像が変わってくるとおっしゃりたかったのだと思います。その後の改革開放あるいは高い経済成長を経て、今や中国は象ではなくて大きな恐竜になっていると言えるかもしれません。いずれにしても、その先輩が教えてくれた「群盲象をなでる」というアプローチは、中国問題に取り組むにあたってとても示唆に富むものであり、私は常に念頭に置いてきました。

先ほど申し上げましたように、象であれ恐竜であれいろいろな側面があります。いずれにしろ中国というものは一言では言い切れない対象であります。

二、中国分析はジグソーパズル

二番目の点に移ります。私はこれまで中国関係で政務関係、政治関係の問題を担当することが長かったのですが、そういう意味ではいわゆる情報収集を、相当本腰を入れて行ってきました。その私のアプローチについてご紹介させていただきたいと思います。

私は情報収集・分析の過程はジグソーパズルだと思っています。皆さん、ジグソーパズルをご存じだと思います。若いとき、もっと言えば小さいときに遊んだことがあろうかと思います。百だったら百のピース、千だったら千、非常に難しいものでは一万のピースのジグソーパズルあるかもしれません。そのピースをはめ込んでいって絵を作っていく遊びです。

でも、ゲームとしてのジグソーパズルと中国分析におけるジグソーパズルには大きな違いが幾つかございます。普通のゲームのジグソーパズルは最初から絵がわかっています。富士山の絵であったり、お台場の夜景の絵であったり、いろいろな絵があります。いろいろなピースをはめ込んで絵を表現していくという意味で、最初から答え（絵）がわかっているわけです。ところが、中国分析のジグソーパズルは絵がわからない。中国分析におけるジグソーパズルのそれぞれのピースは、中国に関する一つ一つの入手した情報です。そうしたピース（情報）はめ込んでいって最後に絵ができあがる。この絵こそが分析結果です。

ただ、非常にやっかいなのは、ピース（情報）の数が全部で幾つあるかわからない。あるいは無数、無限と言ってもいい。とにかく不明である。また、ピース（情報）をはめ込んでいって絵（分析結果）が表れてくる、つまり、中国を分析した姿が出てくるわけですが、時には形が合っていないピース（誤った情報）がある。あるいは、一部のよこしまな部署や人間がディスインフォメーションというような情報を流している可能性もあるわけです。自分は正しいと思ったピースの情報が間違っている可能性もあるわけです。ピースの形が合わなかったり、不正確なピースもあり得るということです。でも、ピースは幾つあるかわからないけれども、やはり多ければ多いほどいい。

私は中国でこれまでたくさんのピースを集め、一時期は本当にこれが自分の仕事のすべてだと思ったぐらいやってきました。なぜこの話をするのかというと、ピースをはめ込んでいくこの作業は、これまでの経験、知見、中国に対する見方といったものにもちろん左右されるわけですが、実は非常に単純な作業だと申し上げたいからです。中国を見るうえで、あるいはピースをはめていくうえで、好き嫌いの感情を排さないといけない。「中国はけしからん」、「中国はとんでもない」、「中国は怖い」、こういう気持ちでピースの形を変えるわけにいかないということです。

ピースをはめこんでいって、だんだんと自分がこうだろうなと思うような絵になったときに、こういうピースが欲しいなと思うことがありますが、そういう時に違う形のピースが入ってくることがあります。それは間違っているかもしれないし、ディスインフォメーションかもしれない、あるいは正しいかもしれない。そうしたときに、無理やりピースの形を変えてはめ込むわけにはいきません。

ここで強調したいのは、中国分析でとても大事なのは、実は感情を排するということです。ピースをはめ込んでいく作業は、そうした意味でとても単純な作業と言えるかもしれません。これがきょう申し上げたかった中国分析、中国を見るうえでのアプローチの二つ目です。

三、歴史的視点からの日中関係

若いときは、先ほど申し上げましたピース集めが生きがいでありました。メディアの特ダネ記者は同じような経験がきっとあると思います。世界で、外国人の中で、この情報は誰よりも自分が早く取ったんじゃないかと思うときには、背筋がぶるっと震えるような、何とも言えない感覚があるのです。「この情報は俺が世界で一番最初に取った外国人だな」と。これに命を懸けていた時代がありましたが、今から申し上げるのは、もう少し成熟して、最近どういうふうなことを考えているかということです。

三つ目のアプローチとして、日中関係を見るうえでは、常に歴史的な視点から考えなければいけないということです。あるいは、将来の中国問題、日中関係を見るうえでも、今の中国とか今の日中関係で二年後、三年後を論じるだけでは駄目で、歴史から学んで、将来十年後、二十年後、五十年後の中国問題、日中関係を展望しないといけません。

そのために何が一番大事かというと、歴史的視点、これが最も大事であると思っています。歴史、歴史と強調しますが、私が申し上げたいのは、例えば遣唐使や元の襲来といったことではありません。私が、歴史を頭に入れてしっかりと学んでおかなければならないと考えているのは、近現代における中国あるいは日中関係です。

ちょっとだけ話がそれますが、歴史ということに関して、中国側はよく歴史問題、例えば、靖国参拝問題、教科書検定問題等を取り上げてきて、常にモラルハイグラウンドに立って、上から目線でこうした問題について議論あるいはいろいろな申し入れをしてくることがあります。

私はあるときに、「歴史と言ってもその歴史だけじゃないだろう」と思ったことがあります。こういうことを言うと、また、「数千年にわたる日中関係は友好の時代が大半であったが、あの時代の日本だけがけしからん」、よくこういうことを言われがちであります。これでまた中国側はモラルハイグラウンドに立ってしまっている。

私はあるとき、戦後の日本の歩みについて提起したことがあります。「戦後の日本の平和の歩み、中国はこれを評価すべきである」と。

二〇〇六年に安倍第一次政権ができたあと、総理は一番初めに訪中しましたが、その際、日中ジョイントプレスリリースが発出されました。また、その後、温家宝国務院総理が訪日して国会演説もありました。そうした際に、中国は戦後の日本の平和の歩みに対する高い評価に言及しました。日中関係をやっている人の中には、そういう発言があったことを記憶している方もいるかと思います。いずれにしろ、歴史と言っても、常にモラルハイグラウンドに立たれることに対して、当時、私は自分なりに対応してきました。

本日申し上げたいのは、日中の近現代史についてのひとコマであります。ちょっと情緒的な言い方かもわかりませんが、日中の歴史は人間ドラマが織り成す歴史でありました。そういう意味では世界でも比類のない関係である、と言えると思っています。今日は、その一つ、二つを皆さんに紹介したいと思います。具体的には、日中両国それぞれの国の近代化の始まりについてです。

ペリーの黒船来航と羅森

日本の近代化の始まりはペリー提督の黒船来航に遡ると考えてよいと思います。一八五三年にペリーは黒船を含む四隻で日本にやってきて開国を要求しました。ペリーは当然アメリカ人なわけです。当時日本は、いわゆる「鎖国」をしていたわけで、英語がよくできる人間が実質的にいなかった。ほとんどいなかったと言ったほうがより正しいのかもわかりません。では、どういうふうにして双方の意思を通じ合ったのか。ペリーは四隻で来航して、フィルモア大統領の親書を提出し、一年後にまた来ると開国を要求したわけです。どうやって通じ合ったのか。

ペリーには、実はとても優秀な通訳官がいました。サミュエル・ウィリアムズというアメリカ人宣教師ですが、彼は中国語、広東語がペラペラでありました。漢文も少し書けたようです。実は、彼は日本語ができるつもりだったのです。なぜ日本語ができると思ったかというと、当時江戸時代でも漁船などが難破してアメリカが日本人漁民を助けるようなことがありました。それで、このウィリアムズという通訳は、そうした日本人から日本語を学んで日本語が少しできると思っていたようです。ところが行ってみたら全く通じないわけです。

当然ながら、江戸幕府のお侍さんの話す言葉と、漁民の話す日本語はかなり違うものでした。英語↕オランダ語↕日本語、これが一つの意思疎通の手段ではあったのですが、なかなか通じない。もう一つの手段は何かというと漢文でした。ところが、ペリー側に上手に漢文を書ける人がいなかった。実は、若干独断と偏見で申し上げますと、一回目のペリー来航ではあまり意思が通じなかったのではないかと思われます。それでペリーは親書を置いて一年後に帰ってくると言って香港に行ったのだと思います。

ウィリアムズはとても優秀な通訳だったので、相当自尊心が傷つけられたのかも知れません。何をしたかというと、香港である中国人を雇いました。これが羅森《らしん》（ローソン）という人でした。なぜローソンと書いているかというと、日本のコンビニのローソンは中国では羅森と書きます。北京語ではローセンと言うのです。この羅森という者を雇った。広東人ですから、もちろん広東語はペラペラで英語がとても上手だった。広東人の中でもとても教養が高くて、きれいな漢文が書ける。そういう人にめぐりあって、サミュエル・ウィリアムズは羅森に助手を頼みました。

本来一年後に来るはずのペリーは、なんと半年後の一八五四年二月に戻って来ました。すぐに戻って来たわけです。江戸幕府はあわてました。一回目は四隻、二回目は九隻です。空砲ではありましたが、東京湾でボンボン鳴らしたわけです。ところが、実は二回目のときには一回目とは違うことが起きました。それは何かというと、二回目は九隻に数千人の乗組員がいましたが、その中に中国人（羅森）がいたということです。実はそれで江戸幕府はすごく安心しました。意思疎通ができたからです。ちなみに、羅森は、日本語は一切できません。しかし、当時の多くの日本人はきれいな漢文が書けたのです。羅森も中国人で教養が高い人間だったので、漢文を使って完璧に意志疎通ができたわけです。

ペリーは蒸気船を含む九隻で横浜に来て、函館、下田に行きます。最後に琉球を経てもう一度香港に帰りました。日本滞在中、羅森は江戸幕府から大歓迎を受けました。当時の江戸幕府はペリーとかサミュエル・ウィリアムズとかの似顔絵を描いて残しています。この数千人の乗組員の中で唯一の中国人、東洋人である羅森の似顔絵も残っています。我々の時代、歌手や映画俳優に会った際にサイン色紙を持ってサインしてくださいと頼みますが、当時はサイン色紙なんかありませんから、扇子を差し出して、羅森に題字を書いてもらいました。羅森は至るところで江戸末期の日本人から題字を書くことを求められました。三カ所でなんと千五百枚以上扇子に題字を書きました。これは今でもたくさん残っています。当時、羅森がどれだけ歓迎されたかが分かっていただけるかと思います。もっとも、今の日本では羅森の存在はほとんど忘れ去られていますが。

もう少し身近な話をすると、私も若いとき司馬遼太郎氏の作品を読み漁りました。『世に棲む日日』が私の愛読書でした。吉田松陰を思い起こしていただきたいと思います。吉田松陰は二回目のペリーの来航のときに弟子の金子重之輔を連れて二人で密航しようとしました。たしか夜中か朝早かった時刻だと思いますが、いずれにしろウィリアムズに会って密航の理由を説明しました。しかし、ウィリアムズは日本の法律をたてに認めるわけにいかないということで、吉田松陰はあきらめて帰るわけなのですが、そのときに「羅森に会いたい」と言っているのです。自分がどういう理由で密航しようとしているのか、たぶん外国人であるウィリアムズにはわからないだろうと思ったのでしょう。中国人の羅森に会って説明したいと言ったら、ウィリアムズは羅森はまだ寝ているから会わせられないと断った。結局、吉田松陰は密航をあきらめて自首し獄につながれ、最終的に刑死するわけですが、羅森はそれだけ有名だったわけです。

私は何を申し上げたかったかというと、日本の近代化の始まりに、実は中国人がとても大事な役割を果たしていたということです。これはほとんどの日本人が知らないし、中国人でもほとんどの人が知りません。こういう歴史が日中の間には少なからず存在しています。

戊戌変法・辛亥革命と日本

次に、本題である中国の近代化において日本のかかわりはどうだったのか、ということです。中国の近代化の始まりというと、一般的にはアヘン戦争（一八四〇年）かと思います。ただ、これは中国にとっては屈辱の近代化の始まりです。中国にとっての輝かしい近代化の始まりは、辛亥革命（一九一一年）と言えると思います。あるいはその前に戊戌の変法がありました。結果的には、戊戌の変法は百日天下で失敗しますけれども、いずれにしろこの戊戌の変法とか辛亥革命において日本がどういう役割を果たしていたのかを見ていきたいと思います。

まず、戊戌の変法についてです。一八九八年、要は日清戦争（一八九五年）で清が負けて、清がこれは本当にまずいということに気づくわけです。なぜあの日本に負けるのかと。日本は明治維新を行って近代化に成功していた。当時の清朝の中の、例えば康有為とか梁啓超とかいう朝臣たちは皇帝に親政を行ってもらおう、いわゆる中華の明治維新を行おうと考えました。日本の明治維新を見習ったわけです。日本に学ばなければいけないということで大改革をやろうとしました。結果的には、先ほど申し上げましたように百日余で失敗してしまって、康有為は香港に逃げるわけです。梁啓超は日本大使館に駆け込みました。日本大使館は受け入れて、軍艦大島丸を使って日本への亡命を助けるわけです。そのとき梁啓超を助けた日本人の中に、山田良政という青森の人がいました。康有為のほうは香港に逃げるわけですが、その香港に逃げた康有為を日本に連れてきたのは、宮崎滔天（宮崎寅蔵）であります。戊戌の変法の首謀者－首謀者というと悪いことをやったみたいですが、その主役であった二人は（ほかの何人かはみんな刑死したのですが）、日本に亡命しているわけです。これが一つの大きな塊です。

もう一つの辛亥革命のほうですが、有名なのは孫文です。辛亥革命というのは、最後は一九一一年に武昌決起が成功して辛亥革命と言いますが、広い意味では日清戦争に負けた一八九五年頃からずっと始まっているわけです。最初は広州決起、恵州決起といろいろなところで蜂起しながら何度も失敗して、最後は武昌決起で辛亥革命の成功に繋がりました。孫文自身は、最初の広州決起の失敗の後日本に亡命しました。その孫文に対し日本がとても大きな支援を行ったことはよく知られています。

ただ、孫文だけではありません。昔中国には科挙という、それに受かれば四十歳であろうと五十歳であろうと一族郎党が繁栄するような試験制度があったわけですが、その頃その制度が廃止されました。そういうこともあり、科挙試験を目指していたとても優秀な中国人が、大挙して日本に学びに来ました。いろいろな人間が来ました。有名な人間で言えば、孫文と双璧といわれている黄興、あるいは章太炎（章炳麟）、宋教仁等々たくさんいたわけです。その一人ひとりを日本は朝野をあげて受け入れ、手厚い支援をしました。

私は最近、中国が作った孫文に関する映画を見ましたが、日本に関する部分がほとんど映画で描写されていませんでした。辛亥革命というのは、誤解を恐れずに申し上げれば、日本がプロデュースした、少なくとも日本なしにはあり得なかった。この点はとても重要であります。

中国大陸でも、台湾でもこのことを知っている人は少なくありませんが、大きな声で言わない。日本でも、このことはほとんど語られない。私はこれは歴史に対してフェアではないと思います。中国の輝かしい近代化の始まりに日本が深く関わっていたということは歴史の事実であるからです。

辛亥革命が成功したあと、実は、孫文は祭りあげられて、実権を失っていました。実権は、軍では黄興が、政務では宋教仁が握りました。彼らは湖南省のグループでしたが、その黄興にしろ、宋教仁にしろ、日本人の支援者がいました。

こうした中国人たちを日本で支援したのは、有名な玄洋社の頭山満、安川敬一郎、平岡浩太郎等、あるいは先ほど申し上げた宮崎滔天、資金面で大きな援助をした梅屋庄吉、数えれば切りがないほどたくさんいます。政府の中でも犬養毅、あるいは広田弘毅が支援しています。この人間ドラマは、我々がいま学ばなければならないことではないかと私は強く思っています。

当時の日本人は、戊戌の変法のように清朝皇帝による親政、即ち中国版明治維新を行うグループに対しても応援しています。これに対し、清朝政府を倒そうとしたのが孫文らのほうで、同じ中国人だったけれども全然違うグループですが、そっちも支援している。私はなかなかすごいなと思います。なおかつ、これはやり過ぎだったかもわかりませんが、宮崎滔天らは、康有為、梁啓超と孫文とか黄興のグループをひっつけようとまでしています。これはひっつくはずはありません。清朝を潰そうとしているのと、清朝を残して改革をしようとしている人たちは水と油で、絶対にまとまることはないのですが、そこまでやろうとしているわけです。そういうような人間ドラマがあった。これが歴史的視点からの日中関係の中で強調しておきたいことです。

日中の近現代史における人間ドラマはこれだけではありません。現代のことは本日は述べませんが、そうした人間ドラマを数え上げれば枚挙にいとまがありません。

四、何を学び、いま何をなすべきか

最後に、何を学び、いま何をすべきかということです。私は現在大使として、いろいろご挨拶したり、意見交換していますが、多くの方から「これから中国とどうつき合うかが、今後の五十年、百年の日本の命運を決める」と言われます。それに対しては私は異論はございません。中国というのは、我々と全く価値観も政治制度も異なる国、とても難しい国であるのも事実です。一方で、引っ越しできない関係でもあります。そういう大国とどういうふうにつき合っていくべきなのか。

私が一つ申し上げたいのは、先ほど言いました過去に学ぶことはないのか、それを踏まえて今何ができるのかということであります。当時、たくさんの日本人が重層的に中国との関係に関与していたわけです。私は別に大アジア主義の思想云々に関して申し上げているのではありません。そうした思想については、当時の時代背景があるでしょう。当時の日本社会で、政府の中でも先ほど言いました犬養毅みたいな人がいるかと思うと、民でもたくさんの人が対中関与をしていたことがとても重要であるということです。

実は、こういう言葉が適しているかどうかはわかりませんが、当時の日本政府のメインストリームは、孫文などを支援することに非常に厳しい意見を持っていました。これは歴史的な文献等で確認できます。孫文は日本で国外追放にも遭っていますから、「あんなのとつき合っていたら、せっかく袁世凱政権と仲良くしようとしているのにうまくいかない」と言われていました。康有為や梁啓超のほうも一緒です。「あんなのとつき合っていたら、清朝政府と何とかうまくいこうとしているのに大変なことになる」と言われました。彼は清朝を残そうとはしていますが、西太后を亡き者にしようとしていたわけですから、清朝政府からすれば不倶戴天の敵なわけです。日本政府は、そういう意味では現実的に動いていることもままありました。

その中にあっても、日本政府の一部の人、それから日本社会は違いました。もちろん当時の時代背景がありますから、今そのまま同じことをというわけではありません。また思想的なことについて賛同云々ということでもありません。ただ、あの時代のエネルギー、人間ドラマということを言えば、官も民も、あるいは表も裏も、あるいはテーブルの上も下も、日本人は重層的に中国と関わりを持とうとしていました。テーブルの上というのが我々の目に見える外交です。テーブルの下は目に見えないところ。ここでも当時の日本は官も民も表も裏もテーブルの上も下も、いろいろな意見がぶつかり合いながら、中国人とつき合っちゃ駄目だという人もいたし、命をなげうって中国人を助けた人もいました。

先ほどちょっと言い忘れましたが、梁啓超の亡命を手伝った山田良政は、その後、孫文に出会って意気投合して、辛亥革命に行き着く最初の方の段階、広州決起のあとの恵州決起のリーダーになりました。あのとき日本は台湾経由で一個師団を支援するという約束を孫文に行ったのですが、山縣有朋内閣から伊藤博文内閣にかわってその支援を反故にした。結果的に裏切るかたちになるわけです。私は、世界広しと言えども、他国の革命で命をなくすような人はそんなにはいないと思いますが、山田良政は辛亥革命で亡くなった第一番目の日本人となりました。彼は、最初に梁啓超を助けたが、その後、孫文に出会った。台湾にいた孫文の指示を受け恵州決起のリーダーになって、結果的に最後は日本に見捨てられて死んでいったとも言えるのです。山田良政の弟で山田純三郎という人がいます。孫文はその後、日本の玄洋社の頭山満等とも路線が異なり、神戸での王道か覇道かという、あの有名なスピーチを行って、最後に北京に入って亡くなるのですが、その亡くなったときに周りにいた数人の中に山田良政の弟の純三郎がいました。孫文に関わる中国の映画にはそういう日本との関わり合いは全く抜けています。しかし、純三郎は兄の意志を継いで孫文に操を立てて、孫文の秘書役、参謀役として最後までそばにいたのです。

何を申し上げたいかというと、そういう重層的な関与を当時の日本はやっていたということです。いろいろな日本人がいました。日本に近い政権ができたほうがいいと思った人もいたかもしれない。これは現実的です。また、孫文らの中国人の魂に触れて、心から支援した人もいました。梅屋庄吉さんは新宿百人町でとても大きい屋敷を構えていましたが、中国革命に支援したため、最後は財産のほとんど全部をなくして千葉に引っ込んで亡くなりました。我々はそういう時代から学んで、今何をすべきかということがあるのではないかと思います。

中国の将来について何が重要なのかについて、二つだけ申し上げておきたいと思います。一つは、民主的な要素です。これは必ず中国にとって必要になってきます。それが十年先か、二十年先か、あるいは私自身が逝ってしまったあと三十年、五十年先かもわかりませんが、必ず民主的要素が大事になってきます。もう一つは法の支配です。そのための法律の整備であります。中国共産党は法による統治を強調しています。つまり、法による共産党の統治です。法の支配とは質的に異なりますが、これも、法律が必要であります。私はこの二つの要素は将来必ず重要になってくると確信しています。

以上、私が申し上げたかったのは、歴史的な観点から将来の日中関係を考えていく必要がある、ということです。いま我々が何をやれるのか?テーブルの上は私がやります。テーブルの下は、ぜひ皆さんのお力をお借りさせていただきたい、ということを申し上げて、私のきょうの報告とさせていただければ幸いです。

（二〇二〇年十月二十三日、交詢社における講演より）

大使就任の抱負

中国北京に着任し、大使就任した際に表明した抱負。しばらくの間、大使館公式ホームページに大使挨拶として掲載された。

この度、在中国日本国大使として着任いたしました垂秀夫です。令和二年九月十六日に特命全権大使としての発令を受けました。

新型コロナの影響で北京への赴任が通常より後ろ倒しとなったため、この期間を利用し、日中関係に関わりのある各所への挨拶回りを積極的に行いました。具体的には、菅義偉総理をはじめとした全ての関係閣僚から御指示を受けると共に、約百五十名の国会議員、百社を優に超える日本企業の幹部等と意見交換を行いました。

そうした中、少なからずの方から「中国と今後どう付き合っていくかが日本の未来を決する」との発言がございました。今般、日本にとってこれほど重要な国を担当する大使として赴任できることを心から嬉しく思うと同時に、その責任の重大さを痛感した次第です。

これから大使として、日本の国益を踏まえ、中国側と種々の交渉を行うと共に、邦人保護や日系企業支援等の最重要任務に取り組んでいきます。そのためには、外部環境に左右されない、安定的で建設的な日中関係の構築が重要であり、その構築のために微力ながら尽力していく所存です。

日中の近現代史を振り返れば、一時期不幸な歴史はありましたが、双方が共に助け合う素晴らしい人間ドラマがたくさんありました。日本の近代化の幕開けとなったペリー来航の際、一行に加わっていた羅森という中国人が重要な役割を果たしましたが、今やほとんどの方がそれを知りません。一方で、辛亥革命の中心的人物である孫文や黄興に対し、日本が朝野をあげて多大な支援をしたという歴史もあります。日中関係は、こうした心と心が触れ合う人間ドラマが織りなす関係であり、そうした意味では、世界でも比類のない関係であると言えます。

現在もこうした人間ドラマは続いており、大使としてそれらを支援し、また、自分自身もその参加者のひとりとして関わっていきたいと考えています。

両国の更に多くの皆様が、この日中関係という人間ドラマの形成に重層的に関わられることを期待しています。

皆様方の御支援と御協力を賜りますよう、よろしくお願い申し上げます。

（二〇二〇年十一月二十六日、駐中国日本国特命全権大使 着任挨拶より）

重層的な関わり合い

着任後、最初の仕事となった「東京―北京フォーラム」での講演。コロナ対策のため、公邸で隔離中であり、オンラインでの講演となった。

十一月二十六日に北京に着任しました駐中国日本国大使の垂秀夫でございます。「第十六回東京－北京フォーラム」全体会合の開催に当たり、一言御挨拶申し上げます。

まずは、今回コロナ禍の中で、本フォーラムの実現のために多大な努力をなされた日中両国の関係者の皆様に、心から敬意を表したいと思います。

東京と北京の会場をオンラインでつなぐという、かつてない方法により開催にこぎ着けられたと承知しています。かく言う私自身も、現在、着任した日から二週間の隔離を行っている最中であり、本日もこのように公邸の自室からオンラインという形で参加しています。

コロナ後の世界における「新たな日常」とはこういうものなのか、とその一端を垣間見ると同時に、これまで十六年間、日中関係が穏やかではない時期も、また、今回のような未曾有の事態の中でも、本フォーラムが、日中間の率直なコミュニケーションを支えるプラットフォームとして、一度も途絶えることなく開催されてきたことは、大変得難いことであると感じています。

さて、最近の日中関係を振り返りますと、本年九月の菅義偉総理就任直後に、習近平国家主席との間で日中首脳電話会談が行われました。その会談の中で、習近平国家主席から、日中関係を引き続き発展させていくことへの意欲が示され、また、菅総理からは、日中の安定した関係は、両国のみならず地域及び国際社会のために極めて重要であり、共に責任を果たしていきたい旨述べられました。とても良いスタートを切ることができたと思っています。

また、先週には、新型コロナウイルスの影響で日中間の往来が中断して以降、初めてのハイレベルの要人往来として、王毅国務委員が訪日されました。日中外相会談の成果として、まさに日中間の人的往来の再開に係る「ビジネス・トラック」、「レジデンス・トラック」の運用が開始されたばかりであります。一時的に滞っていた日中間の人的往来も、潜在的な需要は依然旺盛であります。今後、感染対策を十分にとるという前提の下ではありますが、徐々に回復していくものと期待しています。

このような進展の一方で、日中間には引き続きいくつかの懸念が横たわっています。その最たる原因は、両国間の信頼関係の欠如、より具体的には国民感情の問題、とりわけ日本国内における対中感情が極めて悪いことが挙げられると思います。

先月半ばに発表された日中共同世論調査の結果では、中国に対して良くない印象を持つ日本人の割合が九割近くとなっています。その主な理由として、回答者からは、尖閣諸島や南シナ海の問題等が挙げられています。

この調査結果をめぐっては、この二日間も様々な議論があったと承知していますが、両国の関係者としては、このような深刻な事態に至った原因はどこにあるのか、また、それを反転させるために何ができるのか、ということを真剣に考える必要があると思います。

具体的な問題については、中国側にも言い分があるかもしれませんが、それらをあげつらっているだけでは何の解決にもなりません。私どもとしては中国側の努力に対し、できる限りの協力をしたいと思っていますし、また同時に、より多くの日本人に対して、もっと積極的に中国に関与していただきたいと思っています。

先ほどの世論調査においては、日中双方とも、約七割の方が「日中関係は重要である」と考えています。そうであればこそ、日中双方でより多くの人が、不十分な理解や感情的なしがらみを乗り越えて、虚心坦懐に相手国の実情に向き合い、互いに重層的に関わっていく必要があると考えています。

日中間には二千年を超える交流の歴史があります。そのうちのごく一部、近代史の始まりから現在までを振り返るだけでも、不幸な一時期があった一方で、双方が共に助け合う素晴らしい人間ドラマが数多く織りなされてきました。

例えば、一八五三年に米国のペリー提督が黒船で日本に来航し、開国を要求した事件は、日本人にとっては、あまりにも有名ですが、その日本の近代化の黎明期に、羅森という一人の中国人が深く関わっていたことは、ほとんど知られていません。翌年の一八五四年、二回目のペリー来航時に米国側通訳の助手として日本を訪れた羅森は、日本語は一切できなかったにもかかわらず、漢文の素養があった江戸幕府側との交渉で大きな役割を果たし、当時の日本人から大歓迎を受けました。

また、中国の近代化の始まり、とりわけ辛亥革命の実現に当たり、多くの日本人が深く関わったことは、知る人ぞ知る歴史的事実であります。孫文や黄興などを支援した頭山満、宮崎滔天、梅屋庄吉、犬養毅を始め、この時代には官民を問わず多くの日本人が中国に関わり、数え切れないほどの感動的なエピソードを残しています。孫文に心酔した山田良政に至っては、恵州決起にリーダーとして参加し、最後には戦死までしています。

このように、近代の一時期、日中両国は朝野を挙げて重層的に関わり合いを持ちながら、共に助け合ったという歴史的事実があります。これは、まさに現在の我々が学ぶべき指針ではないかと考えています。

年明け以降は、来年夏の東京オリンピック・パラリンピック、再来年初めの北京冬季オリンピック・パラリンピック、そして国交正常化五十周年と、日中関係の歴史にとり大きな節目となるであろう機会が続きます。

この過程の中で、一人でも多くの日中双方の関係者が互いに深く関与し合うことで、心と心の触れ合う新たな人間ドラマがたくさん生まれ、日中関係が彩られていくことを強く期待したいと思います。

隣国同士では、意見の相違や摩擦が生じることは自然なことであります。重要なことは、外部環境に左右されない、安定的で建設的な日中関係を構築していくことであります。そのために、私自身、大使として微力ながら尽力していく所存であります。本フォーラムに参加されている日中双方の全ての関係者の皆様とも手を携えて参りたいと思います。

二日間行われた今回の「東京－北京フォーラム」も、後はこの全体会議と記者会見を残すのみとなりました。今回のフォーラムは、私のこの挨拶を含め、オンラインでの日中交流という新たな可能性を提示するものとなり、日中関係の強靭さを示してくれました。今後とも、本フォーラムが様々な形で新たな時代の日中関係の在り方を切り拓いていかれることを期待しています。

最後になりましたが、本フォーラムの御成功、そして皆様の御健勝と益々の御発展をお祈りして、私の挨拶とさせていただきます。

(二〇二〇年十二月一日、「第十六回東京‐北京フォーラム」全体会議における挨拶より)

羅森、その数奇な人生

©Tarumi Hideo

天津市にある南開大学を訪問した際に、学生に対して中国語で行った講演内容。黒船の日本来航に際し、ひとりの中国人が果たした役割を紹介して日中関係の不思議な縁を説明した。

近代以来，天津与日本一直有着密切往来。我本人也非常喜欢天津。上个世纪80年代以来曾经多次来过这里，所以可以说我亲眼见证了天津的巨大的发展变化。

今天，感谢贵校的盛情邀请，我来到了历史悠久的著名学府南开大学，和同学们进行交流，我感到非常高兴。

２０２２年日中邦交正常化50周年，是个值得纪念的年份。说到邦交正常化，就不能不提到南开大学同学们的老前辈周恩来总理。我今天即将参观周恩来纪念馆。周总理是一位日本人也非常敬爱的中国的国家领导人。

１９７２年9月29日，日本首相田中角荣和周总理在北京签署了《日中联合声明》，一致同意『建立两国间持久的和平友好关系』。

周总理从１９１７年到１９１９年在日本留学，最后半年多寄宿在京都的朋友家。很荣幸，我也是在京都读的大学。现在京都的岚山还立着周总理《雨中岚山》诗词的纪念碑，我也曾经参观过很多次。

日中两国有着两千多年的交往史，其中有许多值得回味的故事。比如，在唐代，双目失明的鉴真大师6次东渡日本，还有电影《妖猫传》里的阿倍仲麻吕遣唐使、空海法师，以及在明末清初，从福建东渡日本的隐元高僧等。他们不顾生命危险，坚守使命，留下许多感人佳话。我今天想和同学们分享日中近代的一个鲜为人知的小故事。当然，关于这一时期，人们常说的是那段不幸的历史。但是很少人知道，在日中走向近代化的当初，双方曾经发生了很多守望相助的人间情景剧。今天，我要讲的主角就是一位在日本近代化大门开启之际，发挥了重要作用的中国人。

关于日本近代的开端，首先要回顾一下1853年7月的『黑船事件』。当时美国东印度舰队司令佩里率领『黑船』舰队，带着美国总统的国书来到日本，要求日本打开国门。当时的日本采取『锁国』政策，只有长崎一个对外口岸，并且只能与中国人和荷兰人进行交易，因此也就几乎没有人会讲英语。为了便于沟通，佩里找到一位很优秀的翻译官，他叫「卫三畏」，原是美国牧师，他汉语说得很流利，会一点汉字，也会一点点日语。据说是在救助遇险日本渔民时学的，但是和江户幕府官方语言并不太一样，结果无法沟通。因此，双方在沟通时需要使用三种语言，英语到荷兰语，荷兰语再到日语，或者通过写汉字来表达。但美国方面却没有一个精通汉字的人。我个人认为，可能就是因为没有解决好语言的问题，所以佩里只留下了总统的国书，并表示一年后再来听取江户幕府的答复，便去了香港。

可以想象，那位优秀的卫三畏翻译官大概会感到很伤自尊吧。后来，他幸亏在香港遇见了一个中国人，名叫『罗森』，就是同学们在天津随处可见的『罗森』便利店的那两个字。罗森是广东佛山人，生于１８２１年，据说是跟广东和香港的英美牧师学的英语。当时年纪在30岁出头，不仅会说英语，而且汉文功底深厚，还写得一手好书法。

本来说一年后再见的佩里，在仅过了半年的１８５４年2月就又回到日本。这让江户幕府有些慌乱。比起第一次４条船的舰队，这次佩里带来的是9条船的大舰队，而且有一千多人随行。但是，好在有罗森在，这使日方松了一口气，因为可以沟通了。尽管罗森完全不懂日语，但当时的江户幕府高层的汉文书写水平都非常高。所以，在幕府和佩里之间，通过罗森的汉文和英文，实现了顺利沟通。

罗森在日本大受欢迎，很多日本人排队请罗森在自己的扇子上题词。佩里一行先后到过横滨、函馆和下田这三个地方，罗森共题写了１５００多个扇面，在当时的日本掀起了一阵『罗旋风』。最终，《日美和亲条约》签署，日本向世界敞开国门，结束了『锁国』体制。实际上，这个条约文本是由日文、英文、中文、荷兰文写成的，不能确定哪一个是正本。日文版只有日方的签名，英文版只有美国人的签名，荷兰版由日美的荷兰语译员签名，中文版则是罗森起草、卫三畏签名。

同一时期，在日本还有一位名叫吉田松阴的著名思想家和教育家。他是『长州藩』的一名武士，『长州藩』是推翻江户幕府的地方势力之一。吉田松阴最有名的是，培养了很多年轻骨干，这些年轻人在推翻江户幕府、引领明治维新过程中发挥了核心作用。其中著名人物有，反对幕府运动的奠基人、27岁就英年早逝的高杉晋作，以及后来担任日本首任首相的伊藤博文。吉田松阴29岁时死在狱中，罪名是触犯国法，因为他企图借第二次佩里来日时偷渡美国。当时，吉田深夜潜入美方旗舰，见到卫三畏后说明来由，但遭到了拒绝。之后他又提出想见罗森，因为吉田认为，只有中国人罗森，才能理解自己为什么要偷渡。卫三畏以罗森已睡下为由回绝了吉田。吉田绝望之余向幕府自首，并最终被判死刑。这些都充分佐证罗森在当时的威旺名气是很大的。

吉田在狱中收到了一部关于太平天国运动的手抄本。在当时的日本，有关太平天国的准确信息太少。后来，吉田把这个手抄本进行了注解，取名为《清国咸丰乱记》。而手抄本其实就是罗森写的《南京纪事》。这本《南京纪事》对吉田来说意义重大，一是让他对当时欧美列强和中国的情况有了深入了解；二是极大地促进了他把重点转向日本国内改革。经过对『鸦片战争』和太平天国运动的了解，日本年轻人开始有了危机感，打倒江户幕府、建立以天皇为核心的新型国家的强烈愿望，成为了明治维新的一大动力。从这个意义上讲，也可以说罗森间接地对明治维新产生了巨大影响。正是这样一位中国人，在日本近代初期发挥了重要作用，直至影响到后来的明治时代，这应该大书特书。另外，从清末到民国，许多中国革新人士都曾经研究过吉田松阴，从某种程度上讲，或者可以说罗森也间接地影响到了近代中国的历史。

据考证，罗森在黑船返航后回到香港，于1899年去世。明治政府也曾经考虑过聘用罗森来担任外国顾问。

遗憾的是，无论是在日本、还是在中国，今天几乎没有人知道罗森的故事了。但是，像这样震撼人心的人间情景剧却仍在一幕幕上演。

前面说的是一位中国人对日本近代发展做出的重要贡献，接下来我还想简单地谈一谈日本人是如何参与近代中国发展历程的。在中国的近现代，尤其是辛亥革命前后，有很多日本人深度参与其中，这也是众所周知的事实。对于孙中山、黄兴、宋教仁等中国革命先驱，以头山满、宫崎滔天、梅屋庄吉、犬养毅为代表的众多日本政要和名流提供了大力支持，谱写下无数动人诗篇。比如，梅屋庄吉就把庞大的个人资产拿出来支持孙中山革命，并导致最终自己破产。还有一心追随孙中山的山田良政，参加了惠州起义，最后战死沙场。之后，为中国的辛亥革命而牺牲的日本人不在少数。

这样的例子还有很多，在这段时期，日中两国曾经官民一道、守望相助。这所有的一切，不正是现在的我们应该借鉴和学习的吗！

今天我所介绍的只不过是历史上的一些片段。在日本和中国开启近代化的初期，这些有识之士做出了非常重要的贡献，我希望他们能够被后世铭记。

日中关系，对日本来说是最重要的双边关系之一，换个角度来讲，我相信对中国来说也是一样的。不可否认，如此重要的日中关系也有着非常脆弱的一面，也就是说，还存在着大起大落的风险。

作为邻国，相互之间存在各种各样的问题和分歧，我认为是很正常的。大家都希望看到的是，作为亚洲负有重大责任的两个国家，为地区的和平与稳定做出巨大贡献。

明年正好是日中邦交正常化50周年。在这半个世纪中，日中间不断上演着令人感动的人间情景剧。在座的同学们，你们将是出演未来50年剧目的主角，希望你们能够更多地了解日本、关注日中关系，继续谱写今后50年、１００年的新篇章。我也很愿意和大家一起，积极地参与到精彩的日中人间情景剧之中。

（二〇二一年三月十八日、南開大学での講演より）

隠元禅師と英雄鄭成功

©Tarumi Hideo

中学校から日本語教育を行っている月壇中学校を訪問した際の学生への挨拶。明の時代の隠元と鄭成功の物語を通じて、日中関係の奥深さを紹介した。

北京らしい秋のすがすがしいこの日に、月壇中学校に帰ってくることができました。まさに、私にとっては、自分の母校に帰ってきた、そんな気持であります。

先ほど、張文生校長先生から紹介がありましたように、私は、二十歳代と、三十歳代の時に、月壇中学を訪問させていただいたことがございます。

今日は時間の許す範囲で、学生の皆さんにある物語を紹介させていただきたいと思います。

二〇一五年に、人民大会堂で、習近平国家主席は二階俊博衆議院議員を団長とする三千人を超える代表団を迎え入れられ、重要講話、日本と中国の関係は非常に重要であるという講話を行われました。実は、私は、その二階さんの外交秘書のような立場で側にいたので、良く覚えています。

習近平主席は、かつて福建省での仕事が長かったので、福建省に縁りある隠元禅師の話をされました。江戸時代に隠元という高僧が日本に行かれて、当時の最先端の仏教だけではなく、文化、科学技術、教育、あらゆる分野の最先端の情報を日本に伝えた、そういうふうにして、日本と中国の間の人文面の交流は非常に深まりました、という話でありました。

もう少し詳しく解説すれば、隠元禅師は元々福建省の福清にある万福寺出身です。一六五四年に、招きに応じ日本を訪問されました。本来三年ほど日本に滞在して福清に戻ってくるはずでしたが、江戸幕府の将軍、第四代徳川家綱や天皇陛下、こういう方々から引き留められて、結果的に二十年ほど日本に滞在し、最終的に日本で亡くなられました。日本はこの隠元禅師のために、亡くなられる前に京都に、萬福寺という同じ名前のお寺を建てました。そういう歴史があります。

私は日本の京都大学を卒業したので、京都の萬福寺のことを良く知っていました。習近平主席から万福寺出身の隠元さんの話を聞いた際に、非常に共感をいたしました。

最近私はある福州の方に会って、福清の万福寺について一つ頼み事をされました。それは何かというと、京都の萬福寺に仏塔があるのですが、その中に舎利、隠元さんの骨が残っているのではないか、もし残っているのであればそれを来年日中国交正常化五十周年の時に、里帰りできないものか、という相談でありました。私ども日本大使館が早速京都萬福寺に連絡したところ、京都萬福寺は当初協力したいと言っていました。

本当に舎利があるかどうかはわかりませんが、かつて、福清万福寺の隠元禅師が日本を助けてくれた、今度は日本が、何とかそれに努力して報いる番だと、私はこの気持ちが大事なのではないか、そのように思います。

これは一つの例に過ぎません。日中の間にはこの一千年以上の交流の歴史の中で、このように互いに助け合ってきた歴史、人間ドラマが、無数にあります。

ちなみに、今は中国から日本にいくためには飛行機に乗って行けばよいですが、隠元さんの時代は飛行機は無いので船で行くしかありませんでした。誰の船に乗っていったのか。実は隠元さんは鄭成功の船に乗っていったと言われています。

ここにいる学生の多くは知らないかもしれませんが、実は鄭成功の母親は日本人です。長崎平戸の田川マツという女性ですが、鄭成功は八歳まで長崎で育って、当時の幼名は福松といいました。鄭成功は中国の英雄であり、台湾の英雄でもありますが、実は我々日本の英雄でもあります。

鄭成功には弟がいて、日本人の商人として、その後子孫はずっと日本に残っていますが、弟の名前は田川七左衛門といいます。鄭成功は八歳の時に父の鄭芝龍がいる福建省に行って、その後素晴らしい武将になって、明を助けるために忠義の臣として大活躍されたことは多くの人が知っていることでしょう。実はその際に弟の七左衛門が何度も手紙のやりとりをして、金銭的に兄を助けているのです。

中国人になった鄭成功と、日本人になった弟の七左衛門の間でも、お互いに助けあう、そういう歴史がここでもありました。

皆さんは、ここで日本語を勉強して、社会に飛び立って行かれます。ぜひ、将来大きくなったときに、どういう分野の仕事についていたとしても、日本と中国の人間ドラマを、自分なりの人間ドラマを、小さな事でも結構ですから、何らかの形で作っていただきたい、そういうふうに思っています。

以上が学生の皆さんに対するメッセージということで、私の挨拶とさせていただきます。どうもありがとうございました。

（二〇二一年十月十五日、月壇中学訪問時における挨拶より）

過去から学ぶ

©Tarumi Hideo

「東京—北京フォーラム」でのスピーチ。

徐々に悪化していく日中関係を背景に、日中関係の未来を変えるためには、過去から学ぶ必要があると指摘した。

「第十七回東京－北京フォーラム」全体会合の開催に当たり、一言御挨拶申し上げます。今回、コロナ禍の中、本フォーラムの実現のために多大な努力をされた日中両国の関係者の皆様に対し、心から敬意を表したいと思います。

私は昨年本フォーラムに、隔離中の公邸の自室からオンラインで参加しましたが、それはまさに駐中国日本国大使として着任した最初の仕事でした。あれからあっという間に約一年近くが過ぎましたが、振り返れば、その間、日中関係の歩みは決して順調とは言えませんでした。その要因は様々あると思いますが、主要な要因の一つは、新型コロナウイルスの蔓延により双方の意思疎通が大きく制限されたことによると思います。

感染症の拡大により、国境を跨いだ人の往来がなくなってしまったことは、外交はもちろん、民間交流やビジネス関係にも大きな影響を与えました。とりわけ中国との間では、ハイレベルを含め本国同士の対面の意思疎通が大きく制約されました。日中間の圧倒的な対話の不足は、政治的な相互不信を拡大させ、互いの国民感情の更なる悪化を招く、この一年の日中関係は、まさにこのような「負のスパイラル」に陥っていたと言えるでしょう。

そのような中、今月八日、就任直後の岸田文雄総理と習近平国家主席との間で日中首脳電話会談が行われました。対面での意思疎通が制約を受ける中、岸田総理の就任直後に電話会談が実現したことは、中国では国慶節の休暇もあったことを考えると、双方が首脳間の意思疎通を重視した結果であったと受け止めています。

会談において、岸田総理からは、両国間の様々な懸案を率直に提起した上で、こうした問題を含め、今後対話を重ねていきたい旨述べたほか、日中国交正常化五十周年である来年を契機に、建設的かつ安定的な関係を共に構築していかなければならない旨述べられました。習主席からは、「仁に親しみ、隣に善くするは、国の宝なり」との成語を用い、日中関係を発展させていくことへの意欲が示され、両首脳は共通の諸課題について協力していくことで一致しました。

ポスト・コロナを見据え、また来年の国交正常化五十周年を目前に、今後の日中関係の方向性を首脳間で確認できたという意味で、とても良いスタートを切ることができたと言えるでしょう。

しかし、首脳電話会談が行われたからと言って、日中間の様々な懸案が一挙に解決された訳ではなく、むしろ、多くの課題が目の前に存在しており、本質的には何も変化していません。こうした懸案については、今後も日本は中国に対してしっかりと主張していくことになりますが、日中関係をマネージする上で重要なことは、電話会談で両首脳が一致したように、双方が対話を重ね、共通の諸課題について協力していくことであります。これこそがまさに、岸田総理から習主席に呼び掛けた建設的かつ安定的な関係の意味するところであり、この点を確認できたことこそ、今回の首脳電話会談の最大の成果であったと思います。

それでは、建設的かつ安定的な日中関係を構築するには、一体どうしたらいいのでしょうか。私の好きな言葉で、「他人と過去は変えられないが、自分と未来は変えられる」という大変示唆に富む言葉があります。それでは、未来に向けて日中関係をどうやって変えていけばよいのでしょうか。日中関係の現状について、互いに相手を非難し、責任を押しつけることは簡単ですが、それでは日中関係の未来を変えることはできません。私は、常々、未来を変えるためには、過去から学ぶしかないと考えています。

日中両国は引っ越しのできない隣国同士であり、それがゆえに問題や立場の違いは常に存在しています。国交正常化以来の五十年の歴史も、必ずしも平坦な道のりではなく、むしろ紆余曲折の繰り返しでした。

この五十年の歴史の中から学ぶこととして、私は、次の三点を挙げたいと思います。

一つ目は、戦略的発想です。

一九七二年の日中国交正常化は、日本側では田中角栄総理の存在抜きには語れません。一九七二年九月、国内で反対の声が渦巻く中、決死の覚悟で北京を訪問し、日中共同声明の署名に臨んだリーダーシップは見事なものであり、そして、その背景には、国際情勢の大きな流れと日本の国益を考え、中国との国交正常化を進めると決めた戦略的発想がありました。

また、戦略的発想という意味では、二〇〇六年十月、当時、中国に対して厳しい姿勢で臨むと見られていた安倍晋三総理が就任直後の最初の外国訪問先として中国を訪問したことも忘れてはなりません。後に、第四の文書として発出された戦略的互恵関係という考え方は、新たな戦略的発想としてその後の日中関係の基礎となりました。日中関係は課題や立場の違いを抱えながらも、協力できる分野では、日中双方が積極的に利益も拡大していく時代に入ったとも言えるでしょう。

二つ目は、相互の信頼と尊重です。

かつて日中関係を形容する言葉として友好という言葉が多用されてきました。もちろん日中友好は大切ですが、単に友好と唱えても、両国間にある様々な課題がなくなるわけではありません。互いに引っ越しのできない隣国である以上、むしろ、お互いに立場があることを認め合った上で、率直に対話を重ね、一致点あるいは妥協点を見出す努力を重ねていくことが重要です。

国交正常化交渉における日中共同声明の文言交渉は、中国国内で大きなプレッシャーを受ける周恩来総理にとっても非常に難しい挑戦であったと聞いたことがあります。しかし、周恩来総理は、「自国の利益を守ることは当然のことであるが、相手国のおとしどころも考えなければならない。」という信念を堅持し、何とか署名にたどり着くことができたということを私は後に歴史から学びました。現在、我々に求められているのは、まさにこうした周恩来総理の精神を改めて学び合い、立場が異なる相手であっても誠実に対話を重ね、時間がかかれども相互の信頼を増していくことではないでしょうか。

三つ目は、国民の理解と支持です。

一九八四年に三千人の日本の若者が当時の胡耀邦総書記の招きで中国を訪れたことは、いまだに多くの中国人の間で語り継がれており、日中関係業務にたずさわる我々としては、とても大きな資産になっています。その翌年には、後の副総理である劉延東・中華全国青年連合会主席が率いる中国青年訪日友好の船代表団五百名が日本に招待されました。当時、外務省に入省して間もなかった私は、その受入れ業務に関わりましたが、それはとても良い思い出であります。

こうした中、昨今は互いの国民感情が相当悪化していることは本フォーラムでも大いに議論されたことでありましょう。しかしながら、本年二月に発表された内閣府による世論調査では、中国に対して親しみを感じる割合は約二十二パーセントにすぎませんでしたが、世代別に見れば、十八〜二十九歳が約三十五パーセントと、中国に親しみを感じる割合が最も高かったことが分かっています。日中関係の未来を担うのは、まさにこうした若者であり、未来に向けて建設的かつ安定的な日中関係を構築していく上で、引き続き日中間の人の往来、とりわけ青少年交流が重要であることは論をまちません。

国民感情の悪化の原因としては様々な理由が考えられるでしょうが、日中双方が一緒になってこの問題の重要性と深刻さを理解し、改善に向けて努力していくことが重要です。特に、日本は民主主義国家であり、どのような外交政策であっても、国民の理解と支持がなければ長続きしません。現在、国境を越える往来が制限されていますが、今なすべきことは、国民感情に関する数字に一喜一憂せず、ポスト・コロナの世界を見据えて、青少年交流の再起動の準備を始めることではないでしょうか。

まもなく十一月に入り、気づけば二〇二一年も残り僅かとなっています。来年の日中国交正常化五十周年という重要な節目の年をどのように位置づけ、どのように祝うのか、まさに皆様方を含む日中関係に携わる全ての関係者の覚悟が問われています。国交正常化五十周年を契機として建設的かつ安定的な日中関係を構築していけるよう、私自身、駐中国日本国大使として微力ながら尽力していく所存であります。また、本フォーラムに参加されている日中双方の全ての関係者の皆様とも手を携えてまいる決意であります。

最後になりましたが、本フォーラムの御成功をお祝いし、そして皆様の御健勝と益々の御発展をお祈りして、私の挨拶とさせていただきます。御清聴ありがとうございました。

（二〇二一年十月二十六日、「第十七回東京‐北京フォーラム」全体会議における挨拶より）

魯迅が書いた「希望」

©Tarumi Hideo

日中観光者代表フォーラムにおける挨拶。

コロナ感染症により、日中間の交流が途絶える中、五感をフルに使った実際の交流こそが、日中間の国民感情の改善をもたらすことを指摘。

本日、第二回日中観光代表者フォーラムが盛大に開催されますことを心よりお慶び申し上げます。中国文化旅游部、浙江省、紹興市の皆様を始め、日中双方の関係者の皆様の御尽力に深く敬意を表します。

皆様御承知のとおり、二〇一九年まで、日中間の人的往来は、年間千二百万人を超え、二千年近い両国の交流の歴史上、最も往来が盛んな時期を迎えておりました。

しかし、新型コロナウイルス感染症の拡大により、国境を跨いだ人々の往来が無くなってしまったことは、観光関連のビジネスを苦境に追いやったのみならず、人々の意識にも大きな影響を与え続けています。

日中両国が直面する大きな問題の一つに、互いの国民感情が悪化しているという問題があります。特に、国境を越えた往来ができず、対面での交流も限られている現在、日中両国の国民感情は、改善の契機をつかむことは容易ではなく、ややもすれば悪化の一途をたどりかねません。

一方、コロナ禍が始まる前のここ数年は、各種世論調査によると、中国の人々の日本に対する印象は改善傾向にありました。一番の要因は、多くの中国人の方々が実際に日本を訪問し、自分の目で見ることにより、日本に対する印象が変わったからではないかと思います。

自分の目で見、自分の耳で聞き、自分の鼻でかぎ、自分の足で歩く。五感をフルに使って得た体験は、書物やネット情報だけでは伝え切れない感動と深い理解を我々に与えてくれます。漠然としたネガティブな印象を持っていた人たちも、実際に風景を眺め、街を歩き、人々と触れ合うことで、印象がきっと大きく変わるに違いありません。

国民感情の改善は、一朝一夕になし得ることではありません。有効な処方箋は、人々の交流の機会を増やし、一人でも多くの人に相手国を直接訪問してもらうことです。こうして初めて国民感情を改善する上での土台ができると思います。この意味で、日中関係の未来において観光が果たす役割は極めて大きいものがあると確信しております。

今回のフォーラムが開催される紹興は、魯迅先生の故郷であります。魯迅が日本に留学した際の恩師である藤野厳九郎先生との交流は、国籍や立場の違いを超えた相互の尊敬の念に満ちたものとして、現在でも日中両国で語り継がれています。

私は北京にあるレストラン「孔乙己《こんいーちー》」の庶民的な味が大好きですが、紹興を舞台とした魯迅の小説『孔乙己』に描かれた、酒場に集う市井の人々の息吹、『故郷』に描かれた惜別の情などは、時代と国境を越えて、心に響くものがあります。

魯迅の『故郷』の最後には有名な一節があります。「思うに希望とは、もともとあるものとも言えぬし、ないものとも言えない。それは地上の道のようなものである。もともと地上に道はない。歩く人が多くなれば、それが道になるのだ。」

来年は日中国交正常化五十周年の節目の年を迎えます。これを契機として、日中間の人の往来、とりわけ青少年交流が重要であることは論をまちません。

私としましても、御来場の皆様と手を携え、更なる日中間の人的交流の発展、日中関係の未来に向け、共に歩き、希望の道を築くべく尽力してまいる決意であります。

（二〇二一年十二月七日、「第二回日中観光代表者フォーラム」ビデオメッセージによる挨拶より）

空海が遺したもの

©Tarumi Hideo

日中国交正常化五十周年を迎えた年の天皇誕生日レセプションでの挨拶。公邸の会場には五十年間の日中関係についての記録写真パネルを並べ、庭は桜が満開だった。

本年、日中両国は、国交正常化五十周年という大きな節目を迎えています。大サロンにはこの五十周年を記念した記録写真の数々を展示していますが、一枚一枚の写真がこれまでの両国の歩みを雄弁に語りかけています。

日本と中国の共通の言葉に「温故知新」という言い方がありますが、五十周年の機に、日中両国の歴史の中の一つのエピソードを振り返ってみたいと思います。そこには助け合いの人間ドラマがありました。

今から千二百年ほど前、空海という日本の若い僧が唐の時代の中国に渡り、長安（現在の西安）の青龍寺で高僧恵果和尚から密教を教わり、日本に持ち帰り、日本仏教の基礎を打ち立てました。

その後、中国では、混乱の歴史の中で、密教の教義も青龍寺も消失しましたが、青龍寺の方は一九八〇年代以来日本の寄進もあり、復興されました。

昨年、私が西安を訪問した際、その青龍寺の住職に対し、どこで仏教の教えを学んだのかと尋ねたところ、住職はとても嬉しそうに「高野山です」と答えてくれました。

かつて日本が中国から学んだ仏教を、今や中国の僧が日本の高野山で学んでいる。これは一つのエピソードに過ぎませんが、日本と中国では、時代を超えた助け合いの人間ドラマが多々生まれてきました。

こうしたエピソードは過去のことだけではありません。

つい最近も、北京冬季オリンピックを舞台にした人間ドラマがありました。スノーボードで金メダルを獲得した蘇翊鳴選手と佐藤康弘コーチが、共に涙して抱きあった姿は、中国でも日本でも、多くの人の胸を打ちました。

もちろん、日中両国は、隣国であるがゆえに意見の違いや摩擦が起きるのは当然のことであります。だからこそ、私たちは、主張すべきは主張し、率直に議論することを通じて、「建設的かつ安定的な日中関係」を構築していく必要があると考えています。

五十年前に日中国交正常化を実現した周恩来総理は、「自国の利益を守ることは当然のことであるが、相手国のおとしどころも考えなければならない」と述べたことが知られています。相手のことを思いやる精神を改めて学び合い、立場が異なる相手であっても誠実に意思疎通を重ねる。これこそ、今、私たちに求められているのではないでしょうか。

私たちがこの場に集う今も、ウクライナでは、ロシアの侵攻を機に戦禍が続き、一般市民を含む多くの犠牲者が生まれています。私自身、改めて平和への思いを強くするとともに、国際社会と共にウクライナを支援していく決意を新たにしています。この後、有志による音楽演奏では、私たちの平和への祈りを捧げたいと思います。

新型コロナウイルスの影響がいまだに続いているため、日中間の往来はおろか、中国国内の往来ですら大きな制約を受けています。私は外交官であるとともに、写真家であります。私がこれまで撮りためてきた日中両国の風景写真も配置させていただきました。多くの人の胸を打つ美しい風景を御覧いただき、自ら足を運んだかのような気分を少しでも味わっていただければ、この上ない幸せです。

結びに、天皇陛下のお誕生日をお祝いし、御列席の皆様の御多幸と日中関係の更なる発展を祈念申し上げて、私からの挨拶とさせていただきます。

（二〇二三年三月三〇日、天皇誕生日祝賀レセプションでの挨拶より）

戦略的思考と政治的勇気

©Tarumi Hideo

日中国交正常化五十周年を記念した、中国社会科学院主催のシンポジウムでのスピーチ。

日中関係打開の要諦は、戦略的思考と政治的勇気であると指摘した。

本年は日中国交正常化五十周年であり、約一か月後の九月二十九日には、まさにその記念日を迎えることになります。本日は、せっかくの機会でありますので、この五十年を振り返りつつ、日中関係の現在と未来について、私の思うところを率直に述べたいと思います。

「人、遠き慮りなければ、必ず近き憂いあり」。

これは、遠い将来のことを考えずにいると、近い将来に必ず心配事が起こるという、『論語』の教えです。

五十年前の一九七二年九月二十五日、田中角栄総理は、中国に向かう機内で、同行記者から、「なぜ北京に行くのか」と問われ、「時の流れだからだよ」と答えたそうです。当時、田中総理や大平外相は、めまぐるしく情勢が変わる激しい冷戦の中でも、時の流れを正確につかみ、目の前のことだけではなく、日本の五十年先、百年先を見据えた戦略的思考を持たれていました。

一方、日本の総理一行を初めて迎え入れる中国側にも、毛沢東主席、周恩来総理という、同じく戦略的思考を持ち合わせた指導者がいました。しかしながら、思考だけでは、大事は成せません。国交正常化を成し遂げるには、リスクを恐れない勇気と決断力が必要でありました。なぜなら当時、日本も中国も、国交正常化に反対する声が極めて大きかったからです。歴史の偶然か必然か、日中両国には先見性と勇気を兼ね備えた指導者が存在し、彼らの政治的決断により、日中関係の歴史に新たなページが刻まれました。

それから五十年、これまでの日中関係の道のりは決して順風満帆ではありませんでした。現在の日中関係も、数々の挑戦に直面しています。その理由の一つは、この二年間、コロナ禍で互いの対話と交流が圧倒的に不足していることが挙げられるでしょう。しかし、それだけでは現在の困難な日中関係を説明するには必ずしも十分とは言えないと思います。私はここで、現在の日中関係に大きな影響を与えている要素として、五十年間における三つの大きな変化について述べたいと思います。

第一に、近年、中国が急速に発展し、日中両国の経済力が逆転したことが挙げられます。二〇一〇年に日中両国のＧＤＰは逆転し、今や中国のＧＤＰは、本年末時点で日本の四倍を超える見通しにまで成長しています。これまで約三兆六千億円の対中開発援助（ＯＤＡ）を行ってきた日本において、こうした急速な中国の発展や変化を簡単に受け止めきれない複雑な感情があるのは事実だと思います。また、中国側について申し上げれば、近代史において不幸な歴史を経験し、建国後も幾たびかの大きな混乱を経た中国が、今や大いに発展し、大国としての自信を強めていることに対しては、大いに敬意を表したいと思います。しかしながら、その過程において、「自信」があふれ過ぎ、その対外姿勢が周りの国から「戦狼」と評されるのは如何なものでしょうか。日本に対しても、かつてのようなきめ細やかな配慮が払われなくなっているように感じているのは私だけでしょうか。

第二に、国民感情の問題です。先ほど述べた要因もあり、特に近年、日本の対中感情の悪化が顕著であります。かつて一九七〇年代から八〇年代にかけて、日本国民の七、八割が中国に対して好感を抱いていました。中国が困難に直面した一九八九年及びそれ以降の一定期間においても、日本の対中好感度は五十パーセント以上を維持していました。これは、当時の日本政府が、対中外交で相当程度柔軟な対応をとることができた大きな背景でもありました。しかし、近年の日本の対中好感度は、実に一、二割程度にすぎません。この点については、日中双方でよく考える必要があるのではないでしょうか。中国にいれば、「日中関係の基礎は民間にあり」とよく耳にはしますが、そのことを実感することは困難です。日中間の政治関係が悪化した場合、常に直接かつ間接に影響を受けるのが民間交流だからです。これでは、対中好感度が好転することは容易ではありません。

第三に、日中関係のために政治的リスクを取れる指導者が日中双方ともに少なくなったように思います。国交正常化は、戦略的思考とリスクを恐れない政治的勇気を兼ね備えた両国の指導者によって実現しました。しかし、先ほども述べたように、五十年経った今、国力をつけた中国の対外姿勢、もちろんそれには日本への対応も含まれますが、ますます強硬なものとなっているように見受けられ、同時に、日本においても、日本国内の対中感情の悪化に伴い、中国に関与することが大きな政治的リスクになっています。結果として、両国において、政治的リスクを冒してまで日中関係にコミットしようとするリーダーがますます少なくなっているのが現状であります。

以上、五十年前と比べた三つの大きな変化を申し上げたわけですが、今の日中関係において、何も五十年前と同じことをすべきと言っているわけではありません。日中両国や国際関係をめぐる情勢は大きく異なっています。今は、両国の国民同士が誠実に付き合っていくことが何よりも求められており、そのためには、羅針盤が必要であります。

コロナ禍で双方の往来と交流が止まる中、日中関係は、負のスパイラルに陥りつつあります。日中両国の国民に大きな指針を示すことができるのは、私は、両国の指導者しかいないと確信しています。五十年前のように戦略的思考とリスクを恐れない政治的勇気を持って、両国の指導者間で緊密な意思疎通を行うことがますます求められております。両国の指導者から大きな指針が示されれば、日中間の国民交流は大きく前進することでしょう。これからは、双方で留学生や観光客の受入れを全面的に再開し、ポスト・コロナの協力を推し進めていくことが期待されます。国民同士がお互いを実物大で認識し合って、初めて本当の国民交流が始まります。

一九七二年の日中共同声明には、その前文で、「日中両国間には社会制度の相違があるにもかかわらず、両国は、平和友好関係を樹立すべきであり、また、樹立することが可能である」と明記されています。五十年経った今、我々に求められているのは、この精神に立ち戻り、まさに「遠きを慮る」ことではないでしょうか。

私は、駐中国日本国大使であると同時に、一人の写真家でもあります。これまでカメラのレンズを通して、日中両国の美しい自然の偉大さ、心に残る街並みの情景、庶民の喜怒哀楽を数多く切り取ってきました。そこから見える世界には、日中両国に多くの共通点があることをよく承知しています。一人の外交官として、そして一人の写真家として、将来にわたり、この日中両国の美しい自然を守り、両国の庶民の幸福と安寧を願わずにはいられません。

最後になりますが、本日のフォーラムが成功裏に開催されますこと、そして皆様のますますの御発展と御活躍を祈念して、私からの挨拶とさせていただきます。

（二〇二二年八月二十七日、日中国交正常化五十周年記念国際シンポジウム開幕式より）

二人の親友

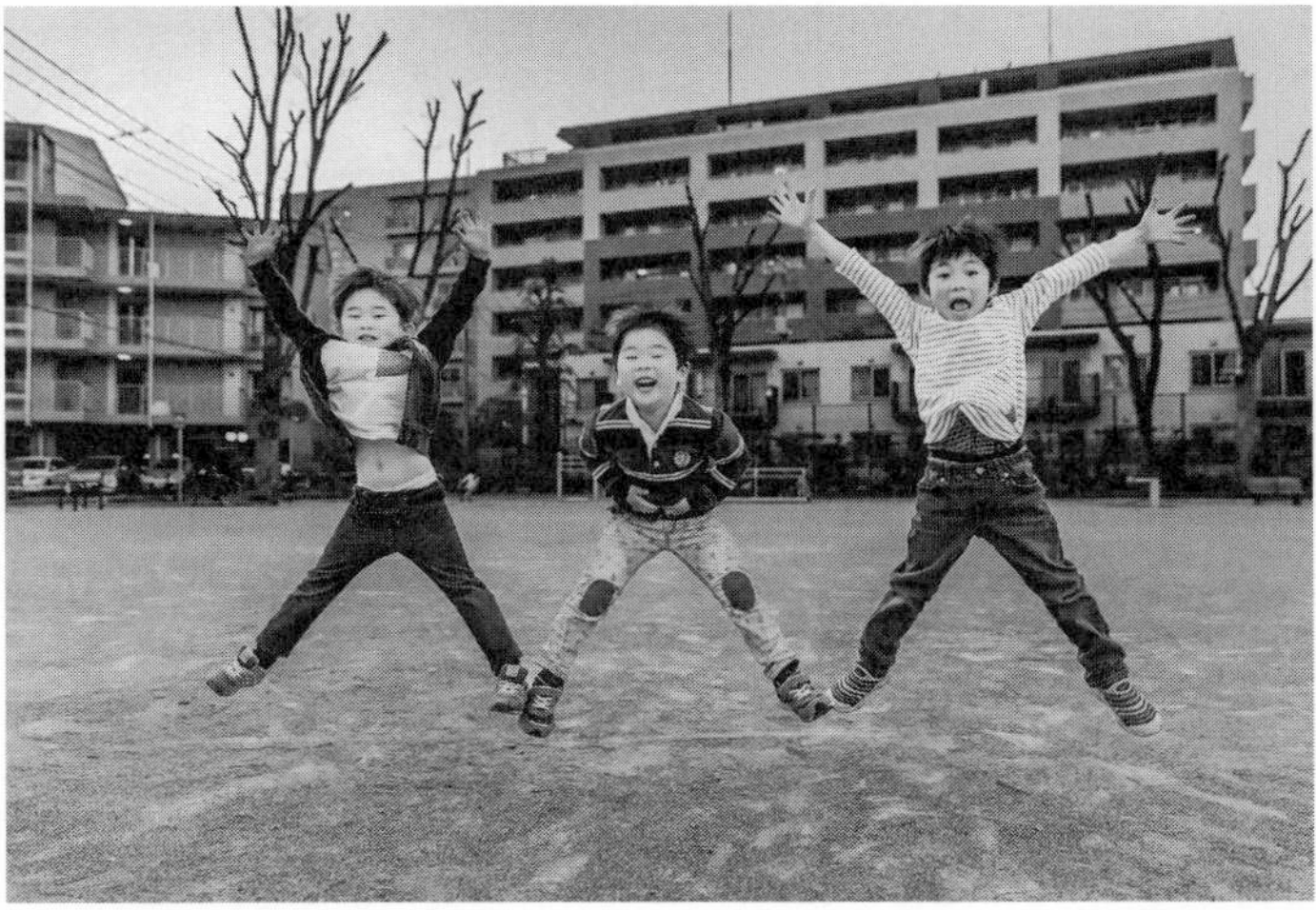

©Tarumi Hideo

日中友好交流会議での挨拶。日中正常化五十周年であるにもかかわらず、日中関係の悪化を背景に、中国側は多くの記念事業を延期、キャンセルしてきた中でのスピーチ。

本年は日中国交正常化五十周年であり、今月末の九月二十九日には、まさにその記念日を迎えることとなります。

この五十年、日中関係は大きく発展しましたが、常に順風満帆というわけではありませんでした。現在の日中関係も、数々の挑戦に直面しています。そのうちの一つが、コロナ禍で招へいや集会を伴う各種交流が中止・延期を余儀なくされ、互いの対話と交流が圧倒的に不足していることです。

五十年前、両国の指導者は、戦略的思考と政治的勇気を持って、国交正常化を決断し、新たな日中関係をスタートさせました。その結果、日中両国は、文化的にも、経済的にも、互いに大きく影響を与えながら発展してきました。国と国との関係も、突きつめれば人と人との関係です。日中国交正常化から今日までのこの五十年間、日中間では、数え切れないほどの互いに助け合う人間ドラマが生まれてきました。

私事で恐縮ですが、私も五十年には満たないですが、外交官として歩んできた四十年弱のうち、大部分の時間を中国関係の仕事に携わってきました。その中で、親友と呼べる二人の中国人と出会いました。

一人は、一九八〇年代、南京大学での留学時代のルームメートであります。私は彼との共同生活を通じて、中国人の思考方法や生活様式を体をもって学びました。また、当時、春節の休暇を利用して彼と一か月間の旅行に出かけたことを懐かしく思い出します。当時は、ホテルの部屋も、乗る汽車も、中国人と外国人とは別々に分けられていて、中国人と外国人留学生が一緒に旅行するということは考えられませんでした。しかし、彼と知恵を絞りながら、苦労して何とか旅を続けたことは良い思い出です。

もう一人は、一九九〇年代に大使館で書記官として勤務していた時代に、つい先日故人となられた佐藤元大使とある省長の会食の際、同省長の親族として参加していた人であります。彼との出会いは、「一見如故」（注：初対面であるにもかかわらず古い友人のように意気投合すること）という言葉が正にぴったりでした。当時から大変優秀な人でしたが、瞬く間に中国を代表する企業家の一人として成長されました。その過程で互いに何度も切磋琢磨してきました。

あれから何十年もの歳月が経過しましたが、私と二人との友情は些かも変わりませんでした。また、二人とも、現在、日中間の架け橋となっており、日中関係の推進に大きな貢献を果たしてくれています。

中国では「日中関係の基礎は民間にあり」とよく耳にしますが、そのことを実感することは容易ではありません。日中間の政治的関係が悪くなれば、常に最初に影響を受けるのが民間交流だからであります。そしてそのことは相互の国民感情にも、マイナスの影響を及ぼしているのが現実であります。私は常々、外部環境に影響されない、安定的な日中関係を構築することが極めて重要であると考えてきました。かつて戦略的互恵関係という概念を提案した際もまさにそうした考えに立ったからであります。そうした考えから、日中間の民間交流はその時々の政治関係の影響を受けてはならないと確信しております。私と二人の親友との人間ドラマは、これまで日中関係がいかなる状況にあろうとも動揺することはありませんでした。政治的な外部環境に影響されない関係が構築されれば、それは極めて強固なものとなりましょう。

日本と中国の関係は、何千年にもわたる互いに助け合う人間ドラマにより連綿と紡がれた関係であります。今、我々に求められているのは、その伝統を次の若い世代に語り継いでいくことであります。こうした面において、両友好協会はこれまで重要な貢献を果たしてこられました。今後も両国間で更に多くの人々をつなぎ合わせ、新たな人間ドラマの創出を支援いただけることを強く期待しています。

最後になりますが、本日の会議が成功裏に開催されますこと、そして皆様のますますの御発展と御活躍を祈念して、私からの挨拶とさせていただきます。

（二〇二二年九月十六日、日中友好交流会議での挨拶より）

「飲水思源」

©Tarumi Hideo

周恩来総理の写真展開幕式での挨拶。中国では「飲水思源」という言葉をよく耳にする。しかし、日中国交正常化五十周年であるにもかかわらず、実際には中国側の行事には行動が伴っていない、と思っていた。

本日、日中国交正常化五十周年記念「桜よ海棠よ永遠に―周恩来と日中友好」写真展が北京と東京を繋いで開幕されますことを、心よりお慶び申しあげます。

さて、周恩来総理と言えば、歴史的に著名な政治家であると共に卓越した外交家でもあります。その戦略的思考、人格の高さ等から、中国にとどまらず、日本においても広く尊敬されておられます。かく言う私も、一外交官として、周恩来総理を慕う者の一人です。私事で恐縮ですが、私は京都大学の出身であり、嵐山の亀山公園にある「雨中嵐山」の詩碑はこれまで何度参観したか数えきれないほどであります。

また、中国大使として着任後、地方への最初の公式訪問地として天津に参りましたが、その際、周恩来鄧穎超紀念館は最も訪れたかった場所でありました。同紀念館では、中南海の西花亭が復元されており、周恩来総理生前の情景を想起させてくれました。もっとも周恩来総理が愛した海棠の花は、その時期に咲いていませんでした。海棠の花については、後に宋慶齢故居の「西府海棠」を観て、当時に思いをはせた次第です。

さて、本年は日中国交正常化五十周年の記念すべき年に当たります。中国には「飲水思源」という素晴らしい言葉があります。私は本年四月、公邸の桜が満開の時期に、国交正常化とその後の日中関係発展に貢献された関係者の御家族を公邸に御招待し、共に親交を深める機会を持ちました。もちろん、周秉徳会長をはじめとする、周恩来総理の御親族にも、老若男女問わず、数十名の方々をご招待いたしました。

その際、とても感動的な情景に遭遇しました。それは、周秉徳会長の曾孫たちと当館若手館員の子供たち、双方とも未就学児ですが、彼らが一緒になって公邸の桜に囲まれた芝生の上を走り回っている姿でありました。日中の無垢の子供たちが言葉は通じなくとも、手を取り合って楽しく遊びまわる情景は、まさしく日中関係が新しい世代に引き継がれていく象徴的な光景であり、見ていてとても感動的で、そこに日中関係の理想の将来像を感じとりました。

五十年前に周恩来総理が実現された日中国交正常化、その後の日中関係は必ずしも平坦な道ばかりではなく、現在も種々の困難に直面しています。ただ、現在、日中関係に責任を持つ立場にある我々としては、常に理想を胸に抱きながら、一歩ずつでも日中両国の間で建設的かつ安定的な関係を構築していく必要があると決意を新たにしています。

最後に、今回の写真展の盛会と日中間の相互の理解、信頼、尊重を一層深める契機となることを祈念し、挨拶とさせていただきます。

（二〇二二年九月二十六日、「桜よ海棠よ永遠に―周恩来と日中友好」写真展開幕式での挨拶より）

日中関係の「天命」

日中国交正常化五十周年記念レセプション
での挨拶。『論語』では「五十にして天命を
知る」と言う。しかし五十年を経たにもかか
わらず、低迷する日中関係に対し、激しく警
鐘を鳴らした。

五十年前の本日、日中両国の指導者は、ここ北京の地で日中共同声明に署名し、国交正常化を成し遂げました。その後、五十年が過ぎ、現在、日中関係は、歴史的に重要な曲がり角に差し掛かっています。

古来、我々日本人は、困難に直面した際、『論語』からたくさんのものを学んできました。

「人、遠き慮りなければ、必ず近き憂いあり。」

これは、戦略的思考です。

五十年前の当時、とりわけ日本では、国交正常化に反対する声がこだましていました。時の指導者が乗り越えた幾多もの困難に思いを致せば、彼らの政治的覚悟がいかに重いものであったか、想像に難くありません。

ではなぜ、彼らはそれを為し得たのでしょうか。それは、めまぐるしく情勢が変わる冷戦の中でも、時代の潮流を正しく捉え、大局を見通す長期的展望を有していたからでありましょう。歴史の偶然か必然か、当時の日中両国には、そうした「遠きを慮る」戦略的思考とリスクを恐れない政治的勇気をそなえた指導者が存在し、彼らの政治的決断によって、日中関係の新たな歴史が始まったのです。

しかしながら、国交正常化以降の五十年の日中関係の歩みは、必ずしも常に順風満帆というわけではありませんでした。

「和を以て貴しとなす。」そして、「和して同ぜず。」

『論語』の中の私が好きな言葉であります。

日中両国は、引っ越しのできない隣国であり、いわば永遠の隣人であります。共に和を重んずる国民・人民同士、共存していく以外に選択肢はありません。日中両国は隣国であるがゆえに、様々な摩擦や立場の違いがあるのは正常なことであり、これを恐れてはなりません。我々が恐れなければならないのは、日中両国間で対話や意思疎通がなくなることです。

「日中両国間には社会制度の相違があるにもかかわらず、両国は、平和友好関係を樹立すべきであり、また、樹立することが可能である。」

この日中共同声明の前文の精神に基づき、日中両国は、永遠の隣人である以上、主張すべきは主張しつつも、互いに尊重し合いながら、共に発展していかねばならないと考えます。そのためには、相互信頼が日中関係の基礎になくてはなりません。

「己の欲せざる所は人に施すことなかれ。」と『論語』は教えます。

今から五十年前、国交正常化交渉が難航を極めた際、周恩来総理は、外交というのは、「自国の原則は守らなければならないが、相手の落としどころも考える必要がある」と述べられ、日中共同声明の署名にたどり着くことができたと聞きました。

昨今、日中関係は負のスパイラルに陥りがちであります。国民間の交流が一方的となったり、制限されたりして、相互理解が十分に進まず、ましてや相互信頼は全く醸成されていません。この点では、国交正常化以降、最も厳しい状況にあるとも言えましょう。こうした中、現在、我々に求められているのは、まさに先ほど紹介したような周恩来総理の相手を思いやる崇高な精神ではないでしょうか。自分の主張は全て正しく、相手の譲歩だけを求める、互いにこのような姿勢を取り合えば、閉塞的な現在の日中関係を打開することはできないでしょう。

「五十にして天命を知る」と、孔子は言いました。

国交正常化から五十年が経ちました。果たして日中関係は「天命」を知ることができたのでしょうか。そもそも日中関係にとって「天命」とは何でしょうか。私は、それは、永遠の隣人として、両国国民の安寧と幸せを実現させることであり、地域、そして世界の平和と繁栄に共に寄与することであると考えています。残念ながら、その意味では、今の日中関係は、いまだ「天命」を知るには至っていないと結論せざるを得ません。

相互不信が強まる現在の日中関係において、両国国民の羅針盤たり得るのは、両国の指導者しかいません。五十年前のように戦略的思考と政治的勇気を持って、両国の指導者の間で緊密な意思疎通を行い、両国の国民に大きな指針を示していただくことが、ますます強く求められています。

以上、私が日頃愚考する日中関係の要諦についてお話しさせていただきました。本日の記念すべき日が、この五十年の来し方を振り返りつつ、建設的かつ安定的な日中関係に向けて新たな一歩を踏み出す機会となることを心より祈念しております。そして、その実現のために、私も駐中国日本国大使として、皆様方と共に、引き続きあらん限りの力を尽くしていく覚悟であります。

最後になりますが、日中国交正常化五十周年を皆様と共に祝福するとともに、これまで日中関係の発展に尽力されてきた全ての方々に心からの敬意と感謝を申し上げ、私の挨拶とさせていただきます。

（二〇二二年九月二十九日、「日中国交正常化五十周年記念レセプション」（於釣魚台国賓館）における挨拶より）

縁

©Tarumi Hideo

北京日本人学校と月壇中学校との日中交流弁論大会でのオンライン挨拶。子供たちに縁の不思議さを伝え、将来日中関係の人材に育つよう希望を託した。

北京日本人学校と北京市月壇中学による第三十五回日中交流弁論大会の開催に対し、心からお祝いを申し上げます。

本年は、日中国交正常化五十周年であるとともに、弁論大会の実施を通じた両校の交流開始から三十五年目に当たり、更に月壇中学で日本語教育が開始された五十周年でもあります。三つの祝うべきことが重なった特別な年となりました。それだけに、オンラインでの開催となったことはとても残念でなりません。

さて、国と国の関係と言っても、詰まるところ人と人との関係であり、とりわけ若い世代の交流が何よりも重要です。日中関係には、青少年交流という良き伝統があります。今月十七日に行われた日中首脳会談でも、両首脳は、両国の未来を担う青少年を含む国民交流を再活性化させていくことで一致しました。

三十五年前に始まったこの交流弁論大会は、新型コロナウイルス感染症の影響下でも、両校の努力と信念で一度も欠かさず続けられた、正に青少年交流の好例であります。長年にわたる両校関係者の方々の熱意と尽力に心から敬意を表したいと思います。

この弁論大会を通じ、生徒の皆さんに改めて考えてほしいことがあります。日本人学校の生徒の皆さんには、「なぜ自分は中国にいるのだろうか」ということ、また月壇中学の生徒の皆さんには、「なぜ自分は日本語を勉強しているのだろうか」ということです。答えは千差万別かもしれませんが、生徒の皆さんに共通する一つの答えがあります。それは縁というものです。

私は昨年、月壇中学を訪問した際、張文生校長から揮毫を求められ、「有縁千里来相会」(注：縁があれば千里も離れていても会うことができる)と認めました。我々日本人・中国人は、古来、この不思議な縁というものを大切にしてきました。若い皆さんも、是非、この縁に導かれ、将来何らかの形で日中関係に関わる人材に育ってほしいと心から願っています。皆さんの一つ一つの生き様が沢山の小さな人間ドラマとなり、未来の日中関係を築いていくことでしょう。

最後になりますが、今後とも北京日本人学校と北京月壇中学両校の友情が更に深まり、両校が共に発展すること、日中関係の更なる発展を心から祈念して私の挨拶とさせていただきます。

(二〇二二年十一月二十六日、第三十五回日中交流弁論大会・友好交流三十五周年記念行事におけるオンライン挨拶より)

梁啓超の貢献

©Tarumi Hideo

日中国交正常化五十周年の年の「東京—北京フォーラム」での講演。梁啓超の数奇な運命を語り、日中関係の助け合いの歴史に触れた。

コロナ禍において日中間の往来がいまだ難しい中、日中双方の関係者の御尽力により、第十八回「東京－北京フォーラム」が成功裏に開催されましたことをお喜び申し上げます。

この二日間、両国を代表する有識者の間で、様々なテーマについて忌憚のない議論が重ねられたと承知しています。共通認識に達したものもあれば、立場の違いが際立ったものもあったかと思います。

私は、体制の異なる隣国同士、立場や意見の違いがあるのはごく自然なことであり、むしろ我々が心配すべきは、対話や交流がなくなることであると常々申し上げております。その意味において、日中関係の現状及び未来をこうして語り合うことは極めて重要であり、高く評価したいと思います。

日中国交正常化五十周年の本年も、残すところ三週間余りとなりました。紆余曲折を経てきた日中関係ですが、五十周年の本年十一月に、バンコクで日中首脳会談が開かれたのは非常に良かったと思います。

岸田政権が掲げる対中政策は、建設的かつ安定的な日中関係の構築でありますが、その意味するところは、互いに主張すべきは主張しつつも、率直な対話を重ね、共通の諸課題について協力していくというものであります。

これまで、ともすれば「主張すべきは主張する」という部分のみにフォーカスされがちでしたが、今回の首脳会談において、首脳間で少なからずの共通認識を達成し、日中間でいかに建設的な関係を構築していくかが明確になったことが一番の成果であったと考えています。

しかしながら、今回の首脳会談の開催によって、日中間に横たわる課題が一変したわけではありません。尖閣諸島の問題では、先月でも三回もの領海侵入が発生しています。また、中国は日本の近海で、国際法を公然と違反しウクライナを侵略しているロシアと共同で爆撃機を飛ばし、軍事訓練を行っています。こうした行為が続くようでは、国民感情が容易に改善されないことは「火を見るよりも明らか」（洞若観火）でしょう。

そうした意味では、今後とも日中関係の舵取りはますます難しくなっていくことが予想され、本格的な関係改善に向けたプロセスは、これからが本番と言えます。

こうした中で、日中両国に求められることは、あらゆるレベルで意思疎通を積み重ねていくことに尽きると考えています。とりわけ、首脳間で頻繁な意思疎通を重ね、政治的相互信頼の基盤を固めていくことが何よりも重要であります。中国側から招請を受けている林芳正外務大臣の訪中も、早期に実現していく必要があります。

また、首脳会談では、国民交流の再活性化についても合意がありました。日本は水際対策措置を全面的に緩和しましたが、今後、日中間の国民レベルでの相互理解や経済往来を深めていくためには、中国側の水際対策措置が早期に緩和されることを期待してやみません。

こうしたことを考えていくと、日中関係改善の道のりは、常に「任重くして道遠し」（任重而道远）の繰り返しであります。

本年は日中国交正常化五十周年ということもあり、本日は、日中関係の歴史について少し愚見を述べさせていただきたいと存じます。ただし、私が申し上げる歴史は、必ずしも五十年に留まるものではありません。

私は、外交官であるとともに、ひとりの風景写真家でもあります。大使として赴任してからも、カメラのレンズを通して、中国の美しい風景を数多く切り取ってきました。

私が足しげく通う撮影スポットの一つに、北京国家植物園があります。北京市北西部に広がる広大な敷地を擁する北京国家植物園を訪れる度に、四季折々の自然の美しさを感じることができます。とりわけ、梅、桃、海棠、チューリップなどが咲き誇る春の美しさは、安直な言葉では表現しきれないほどであります。その北京国家植物園の北東側の静かな一画に、数奇な運命をたどった梁啓超が家族と共に眠っています。

梁啓超は、私から説明するまでもなく、清末・民初に活躍した、中国近代史を代表する思想家・政治家・ジャーナリストであります。一八九五年、当時二十二歳の梁啓超は、師と仰ぐ康有為と共に科挙の試験を受けるため上京した際、日清戦争の敗北により締結した下関条約の内容を知って憤慨します。

日本の明治維新にならった政治体制の変革・近代化が必要であると強く認識した彼らは、光緒帝の下で立憲君主制の樹立を目指し、一八九八年に「戊戌の変法」と呼ばれる改革を推進しました。

しかしながら、その後、西太后・袁世凱らによるクーデター、いわゆる「戊戌の政変」により、百日余りで改革はつぶされ、梁啓超ら「変法派」は弾圧されました。この政変により、仲間の多くが刑死する中、梁啓超は日本に亡命し、その後、辛亥革命の翌年に当たる一九一二年まで、つまり二十五歳から三十九歳までの十四年間を日本で過ごしました。ちなみに、同志の康有為もまた、香港経由で日本に亡命しています。

さて、日本滞在中、梁啓超は、「清議報」、「新民叢報」といった雑誌や新聞を創刊するなど、様々な媒体を通じ、日本語に翻訳された西洋の新しい思想や文化を中国国内にもたらしました。彼は、思想面での変遷が指摘されることはありますが、中国の近代における国民思想の確立に果たしたその歴史的役割は大きく、また、近代中国最大のジャーナリストとして、当時の青年知識人に与えた影響は絶大であったと言えるでしょう。

ではなぜ、そのような啓蒙活動が円滑に実現できたのでしょうか。それは、当時梁啓超が、日本で創られた新たな漢字、いわゆる和製漢語を積極的に受容し、使用したからであります。当時の日本では、明治維新を経て、西洋文明を積極的に吸収する中で、漢字を新たに組み合わせることにより、西洋の概念を的確に翻訳し、多くの新たな単語が産み出されていました。

つまり、約千六百年前に中国から日本に伝来した漢字は、近代化の中で和製漢語として独特の発展を遂げたということであります。そして、梁啓超が西洋の新しい思想を中国に紹介していく過程において、その和製漢語は中国に逆輸入されることになりました。梁啓超だけではありません。清末の中国は、一九〇五年に科挙が廃止されたことも相まって、空前の日本留学ブームが到来し、中国人留学生の数は、年間二万人にも上ったとされています。

そうした梁啓超や中国人留学生らの活動により中国にもたらされた語彙として、例えば、世界、社会、経済、科学、革命、共産党、社会主義、幹部、独立、平等、自由、民主など、枚挙にいとまがありません。現代中国語の中で、社会科学関連語彙の約七割が和製漢語に由来していると言われていますが、そのお陰で、現在、日中間の意思疎通が極めて円滑になっていることは言うまでもありません。この二日間の議論でも、こうした用語が日中双方の有識者の間で幾度も使用されたことでしょう。

かつて中国から学んだ漢字を使い、日本は、その後の政治、経済、科学、文化、思想等、あらゆる面で国を発展させてきました。そして、近代に入り、今度は日本で創られた和製漢語で、日本が中国の近代化に寄与することになる、こうした漢字をめぐる日中関係の歴史は、まさに助け合いや学び合い、中国語で言えば「守望相助」の歴史の象徴であります。そうした意味では、梁啓超は、その歴史の過程において極めて重要な役割を果たしたとも言えるでしょう。

本年六月、私は、青島を訪れました。ある日、洋館が並ぶ静寂な坂道を散策していると、康有為が晩年を過ごした旧居を偶然に見つけました。康有為は、日本滞在中に歳の離れた日本人女性を見初め、四人目の妻としました。二人が青島で共に暮らしたのは数年でしたが、私は、康有為の旧居の窓から青島の青い海を見ながら、その同志・梁啓超に思いを馳せ、そして、漢字が取り持つ不思議な日中両国の縁について静かに感じ入りました。

こうした「守望相助」（助け合い）の歴史は、漢字にまつわるものだけに留まりません。これまで日中間では、たくさんの助け合いの人間ドラマが織りなされ、日中関係の歴史を形作ってきました。

日中両国は、引っ越しのできない隣国であり、いわば永遠の隣人であります。国交正常化五十周年がまもなく終わろうとしていますが、我々はこの機会に今一度、日中関係は世界でもまれに見る「守望相助」の、二国間関係の歴史であることに目を向ける必要があるのではないでしょうか。

最後になりますが、御在席の皆様方の御健勝及び日中関係の更なる発展を祈念するとともに、今次フォーラムの開催に関わられた関係者の御尽力に改めて敬意を表し、私の挨拶とさせていただきます。

（二〇二二年十二月八日、「第十八回東京－北京フォーラム」における挨拶より）

田中角栄が贈ったサクラ

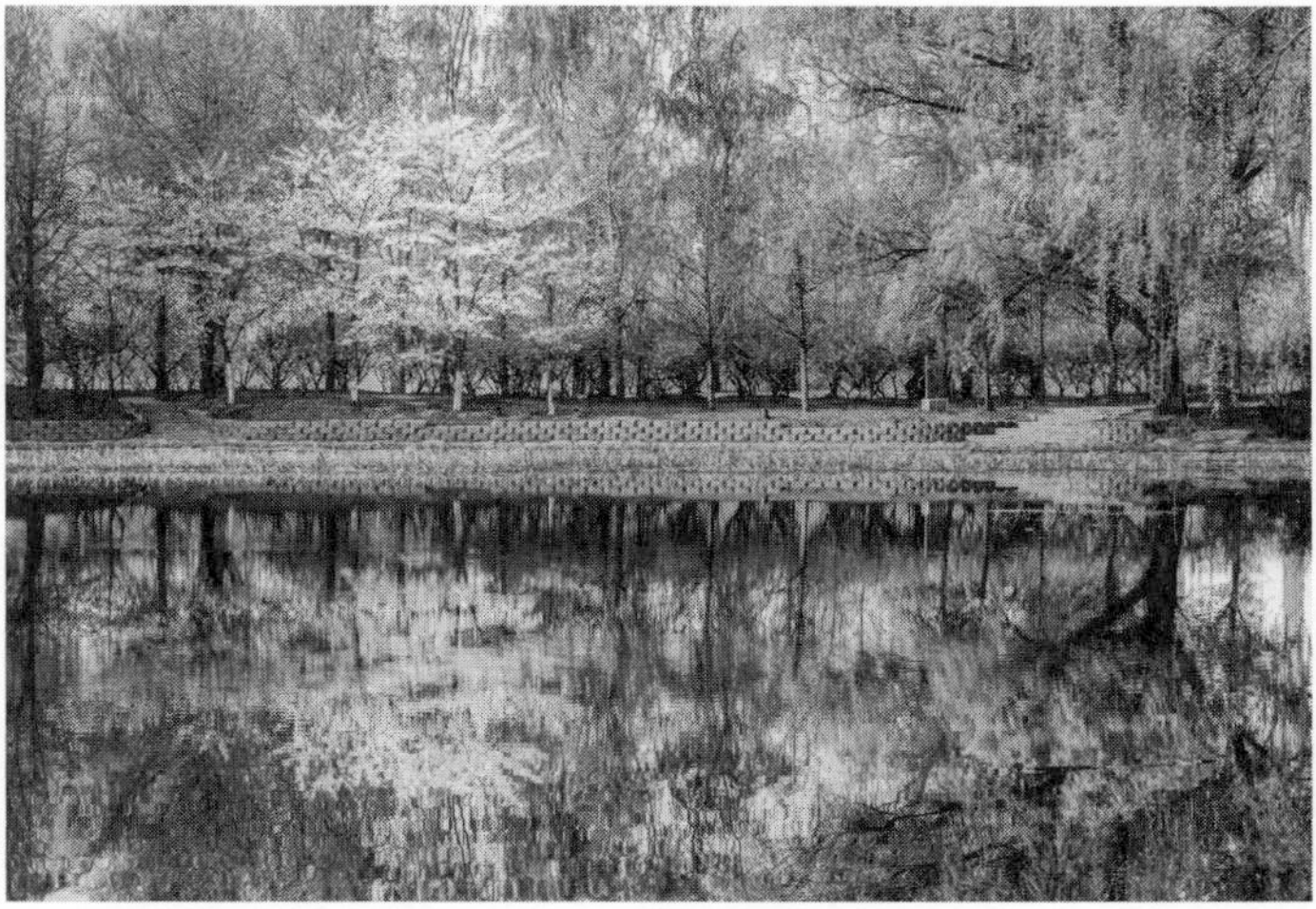

©Tarumi Hideo

二〇二三年天皇誕生日レセプションでの挨拶。直前に日本人ビジネスマンの拘束事案が発生。今や二本だけとなってしまった田中首相が贈ったサクラを用いて、中国側に対して日中関係への警鐘を鳴らした。

日本は本年、Ｇ７議長国及び安保理非常任理事国を務めています。ロシアのウクライナ侵攻を始め、国際社会は試練のときを迎えています。

一体どうすれば、世界に平和と繁栄を取り戻すことができるのか。本年の日本外交は、この根源的な課題に対する答えを導き出していく責任があります。世界が歴史の転換期を迎えつつある今、日本は法の支配に基づく自由で開かれた国際秩序を守るために、ウクライナに対する支援を含め、積極的な役割を果たしていく覚悟です。

先日、私は桜で有名な玉淵潭公園に赴き、ある特別なサクラを鑑賞してきました。

一九七二年、国交正常化を成し遂げた田中角栄総理は北海道のオオヤマザクラの苗木千本を中国に贈りました。その苗木は冬の間は天壇公園で仮植され、その一部の百八十本が一九七三年に玉淵潭公園に植えられました。今年がまさに五十年目に当たります。

そのオオヤマザクラは日中関係の長年の風雪を経て、今や二本だけとなっていました。しかし、老木となったその二本のオオヤマザクラは今でも美しい花を咲かせ、五十年の歴史を色あせることなくとどめていました。

気候や土壌の違いを乗り越え、オオヤマザクラが玉淵潭公園に根付くまでに、何代にもわたる公園の庭師が払った努力は並大抵のものではなかったと思います。その日、私はオオヤマザクラを長年守ってこられた公園に対し、深甚なる感謝と敬意を示して帰路につきました。

昨年、日中関係は、国交正常化五十周年を迎え、本年より新たな五十年の第一歩を踏み出しております。『論語』に「五十にして天命を知る」とあります。しかしながら、日中関係は五十年の苦節を経ても、未だその天命が何たるかも分からぬまま漂流しつつあります。

これまで日中関係の花は人的往来と経済関係という二本の木から咲いてきました。今その二本の木が倒れるのではないかと案じています。

我々としては、立場や主張が異なったとしても、何としてもこの日中関係を守り、再度美しい花を咲かせていく必要があります。かつて周恩来総理は「小異を残して大同につく」と述べられました。私は、日中関係を守っていくことこそが「大同」であると強く信じています。

最後に、天皇陛下のお誕生日をお祝いし、御列席のすべての皆様の御多幸を祈念し、また、心ある者同士で日中関係を守っていくことを強く望みながら、私の挨拶とさせていただきます。

（二〇二三年三月三十一日、天皇誕生日祝賀レセプション挨拶より）

理性を取り戻す

©Tarumi Hideo

「東京―北京フォーラム」での講演。福島ＡＬＰＳ処理水排出を受け、中国各地から様々な嫌がらせ行為が行われた。こうした背景を受け、訪日したひとりの中国人女性の物語を例にあげ、中国側に対し理性を取り戻すよう警鐘を鳴らした。

第十九回「東京－北京フォーラム」が成功裏に開催されましたことを心よりお喜び申し上げます。

今回の「東京－北京フォーラム」は、二〇一九年十月以来、四年ぶりの対面開催であります。新型コロナウイルスの流行や中国の厳しい防疫措置の影響で、日中間の交流が容易でなかった時期もありました。その間も、オンライン等でこの枠組みを維持されてきた関係者の方々の熱意と努力に敬意を表したいと思います。

本年は日中平和友好条約締結四十五周年です。昨年の日中国交正常化五十周年と合わせ、日中関係の来し方を振り返り、未来の日中関係を考える上で、またとない機会であります。

しかし、現下の日中関係に目をやれば、決して楽観視できるものではありません。新型コロナウイルスやロシアのウクライナ侵攻、そして最近の中東情勢等、世界情勢の激変に加え、日中両国の国民感情の更なる悪化が建設的かつ安定的な日中関係を構築するための道のりを困難なものにしています。

最近では、福島第一原発のＡＬＰＳ処理水の海洋放出をめぐって日中両国が対立する問題が生じています。ＡＬＰＳ処理水の安全性については、我が国は中国を含む国際社会に対し丁寧な説明を行ってきましたが、中国は、日本産水産物の全面禁輸に踏み切りました。また、中国全土から日本国内に対し嫌がらせ電話が相次ぐ等心ない行為が多々見られました。我が大使館にも、今でも毎日約一万五千件の嫌がらせ電話がかかってきています。

本年も残すところ二カ月となりました。日中両国は、日中韓三カ国の枠組みや、十一月のAPEC等の国際会議の場を活用しつつ、首脳間を含むあらゆるレベルで意思疎通を重ねることで、政治的相互信頼を回復し、具体的な問題の解決に繋げていく必要があります。

本日は、せっかくの機会ですので、こうした現状を踏まえ、今後の日中関係を前に進めるための手がかりについて、私なりの考えを申し上げたいと思います。

キーワードは「理性を取り戻す」であります。

ご記憶の方も多いかと思いますが、二〇一二年十月、尖閣諸島をめぐって日中両国の世論が激化しました。当時、私は政務公使としてここ北京で勤務していました。中国では、各地の日本の関連施設に対する暴力行為、破壊行為が発生しました。

こうした中、ある中国人有識者が、インターネット上で、中国人民に対し理性的な態度をとるよう呼びかけました。この方は、尖閣諸島に関する日本の立場は決して受け入れられないとした上で、その表現方法として暴力的な行為をとることを譴責したのであります。当時の社会の雰囲気の中で、こうした立場を表明することは非常に勇気のいることであったでしょう。

その後、私は縁あってこの方とお会いする機会を得ました。

お会いしてみると、この方は物事を常に理性的に考えられる方であることはすぐに分かりました。同時に、日本、特に歴史問題については、非常に厳しい見方をされていました。どうもその方の父親がかつて旧日本軍と戦った世代であり、その方は物心のついた頃から日本人が如何に残虐非道であるかを何度も聞いて育ってきたとのことでした。

訪日経験があるかと聞くと、「一度もない」とのこと。私は、「日本を批判するのは全くかまわない。ただ、自分の目で日本を見てから批判しても遅くはないのではないか」と述べ、実際に日本を見てみることを勧めました。

その後、訪日を終えたその方に再会しました。その方は私に「たくさん話したいことがあるが、まずは日本滞在中に最も印象に残ったことをお話ししたい」として、ある日本人ボランティアとの出会いについて熱っぽく語り出しました。

その方が日本のある地方都市を訪れた際、その日本人ボランティアは現地ガイドを務めてくれたそうです。英語でのやり取りの中で、尖閣問題についても議論になったとのことでした。

日本人ボランティアは、「尖閣諸島は日本のものであると信じているが、中国にも別の立場があることは承知している。もし本件が国際司法裁判所に付託されたとしても、日本が勝つことになると信じている。ただ、万一、日本に不利な判決が出されたとしても、多くの日本国民はその判決を受け入れるであろう」と述べたそうであります。

これを聞いて、その方は、大きな衝撃を受けたと率直に私に言いました。日本人、しかも一般の市民が、法の支配、ましてや国際司法に対し、とても理性的であり、かつ、高い敬意を抱いていることについて驚愕したとのことでした。その後、その方は、日本行きを出発直前まで反対していた父親に架電し、「私が日本で出会った日本人は、父さんが語っていた戦争中の日本人と全く違っていた。」と直接伝えたそうであります。

日本滞在を通して、その方の対日観は大きく変わりました。それは理性をもって自らの目で日本を見て、自らの頭で考えた結果であります。

あれから十余年、日本を訪れる中国人は飛躍的に増えました。ありがたいことに、実際に日本を訪れた中国人の多くは、日本に対する理解を格段に深めています。こうした方々は、問題があっても理性的な態度で向き合おうとされている方々であります。

もちろん、日本人の側の対中理解の不足や理性の欠いた対中批判といった指摘もあろうかと思います。日中両国間で揺るぎない相互理解・相互信頼を構築していくためには、日中両国の国民・人民が、等身大の相手の姿を理性をもって直視し、そこから虚心坦懐に学ぼうとする姿勢が強く求められています。

私は、このような理性ある方々にこそ、日中関係の未来を託したいと考えます。率直に申し上げて、日中両国においてこうした理性ある人々を増やしていくことは、あるいは砂漠の中で苗木に水をやるような地道で苦しい作業であるかもしれません。それでも、日中関係という土壌に、理性という養分を染み渡らせることこそが、我々の目指す安定的かつ建設的な日中関係という大木を成育させるための王道であると、私は確信しています。

先日、私は、国慶節の休暇を利用して、福建省の霞浦（赤岸）を訪れました。霞浦は風光明媚な漁村であり、撮影家の聖地として知られていますが、同時に、千二百年以上も前に遣唐使船に乗船し、途中で嵐に遭遇した空海が漂着した地でもあります。当初海賊の到来と疑われ、五十日間も上陸が許されませんでしたが、空海が書いた嘆願書を読んだ唐の官吏は理性的に遣唐使一行を接遇し、長安行きを許可することになります。

彼の地において、海から昇る美しい日の出を撮影しながら、空海が上陸した当時の情景に思いを馳せました。日中両国が引っ越しのできない永遠の隣人であり、日中両国が世界でもまれにみる悠久の助け合いの歴史を持つ関係であることに改めて思いを致した次第であります。

本日この場に集った皆様とこの思いを共有し、数多くの先人達の業績を引き継ぎ、未来に繋げていく覚悟を新たにできればと思います。

最後になりますが、御列席の皆様方の御健勝及び日中関係の更なる発展を祈念するとともに、今次フォーラムの開催に関わられた関係者の御尽力に改めて敬意を表し、私の挨拶とさせていただきます。

（二〇二三年十月二十日、「第十九回東京－北京フォーラム」における挨拶より）

王毅に伝えたメッセージ

（在中国日本国大使館HPより）

日中平和友好条約締結四十五周年記念レセプションでの挨拶。王毅政治局委員の前で、戦略的互恵関係の再確認の必要性を訴えた。演説終了後、王毅氏は立ち上がって出迎え、握手を求めてきた。

四十五年前の本日、日中平和友好条約が発効し、日中関係を発展させるための重要な法的な基盤が整備されました。日中両国は、この基盤の上に、文化的にも、経済的にも、大きく発展してきました。

しかしながら、日中関係の歩みは必ずしも常に順風満帆であったわけではありません。日中両国は幾度も様々な国難に直面し、いわばジェットコースターのような浮き沈みを経験してきました。

本日は、条約締結四十五周年を迎え、未来の日中関係を展望する上で極めて良い機会であります。この場をお借りしまして、私が日頃愚考していることをお話しいたしたいと存じます。

現在、日中両国は、ＡＬＰＳ処理水問題をめぐって大きく対立しています。この問題を考える上で最も重要な拠り所は科学と理性であると考えていますが、ここでは詳述しません。こうした両国が直面する具体的な問題を適切に解決し、あるいは、管理していくことが重要であることは論をまちません。

しかしながら、より大きな日中関係の枠組みを再構築していく上で、重要な要諦が二つあると考えます。

一つ目は、戦略的思考であります。『論語』は「人、遠き慮りなければ、必ず近き憂いあり」と教えます。日中両国とも古くから『論語』に親しんできたにもかかわらず、この戦略的思考こそ、日中関係で最も欠如している考えではないでしょうか。

日中関係が冷え込んでいた二〇〇六年夏、私は当時の谷内正太郎事務次官に呼ばれ、「九月に安倍晋三新総理が誕生する。日中関係の新しいコンセプトを考えてほしい」との重い宿題を託されました。

十日ほど熟考し、私は「戦略的互恵関係」というコンセプトをまとめたことを昨日のように覚えています。個々の具体的な問題に終始するだけでなく、互いの戦略的な利益のために、様々な懸案があったとしても、粘り強く意思疎通を強め、日中関係の安定を図っていくとの考え方であります。

この考え方が具体的な形で提示されたのが、福田総理時代の二〇〇八年五月にまとめられた「戦略的互恵関係の包括的推進に関する日中共同声明」であります。日中関係に戦略的思考が必要であることは、今も当時も何ら変わりはありません。

未来の日中関係を考える上で、もうひとつ重要な要諦があると考えます。それは歴史の中で現下の日中関係をどう位置づけるかということであります。ここでいう歴史とは、一千年以上にもわたる日中の交流史を意味します。

先日の国慶節、私は福建省寧徳霞浦を訪れました。霞浦は風光明媚な漁村が多く、私のような風景写真家にとっての聖地でありますが、同時に日中交流に大きな足跡を残した空海入唐《にっとう》の地でもあります。

千二百年以上も前、遣唐使船に乗船した空海は、途中嵐に遭遇し、現在の霞浦（赤岸）に漂着しました。当初、海賊と嫌疑をかけられ、五十日間も上陸が許されませんでしたが、空海の書いた名文の嘆願書により、長安に行くことが許されました。

長安では、空海は外国人でありながら、密教の最高指導者である恵果和尚から、青龍寺にて直々に奥義を伝授され、密教の正当な後継者としての地位を得ました。

その後、空海は日本に戻って高野山を開き、密教は日本で着実に根をはり、大いに発展しました。当時、空海が中国から日本に持ち帰ったものは仏教の膨大な経典にとどまらず、建築・土木・文学・医学等当時の最先端の技術と知識にわたり、それらはその後の日本の発展に大きく貢献しました。

一方で、中国では密教は唐王朝の衰退とともに権勢が衰えました。空海が恵果和尚から潅頂《かんじょう》を受けた長安の青龍寺も一千年以上土に返り、その遺跡が発掘され、再建されたのは、一九八二年以降のことであります。

私は一昨年、西安の青龍寺を訪問しました。その際、青龍寺の住職に対し、「中国では滅んだ密教をどこで学んだのか」と、失礼な質問をしましたが、その住職はとてもうれしそうに「高野山で学んだ」と微笑んでいました。

現在、高野山をはじめ日本の寺院で学ぶ中国人僧や仏教研究者は少なからずいます。かつては日本が中国から学んだものを、今また中国が日本から学び直す、とても良い話ではありませんか。

この空海の物語が示すように、日本と中国の関係は、一千年以上にわたる互いに助け合う人間ドラマが連綿と紡がれてきた関係にあります。また、空海の物語は日中の長い歴史に埋もれた無数にあるドラマの一つであり、こうしたドラマは今もまさに現在進行形であるということも忘れてはなりません。

昨今、日中間の往来が再開しつつありますが、現下の日中関係は、数々の困難と挑戦に直面しています。こうした時こそ、あらためて我々は戦略的思考をもって日中関係を捉え直すとともに、現在の困難な日中関係も悠久の歴史の中でのひとコマにすぎないと、常に理性をもって対処することが重要であると考えています。

四十五年前、先人達はまさにそうした戦略的思考と悠久の歴史からくる確信により、日中平和友好条約を締結したのである、と私は考えています。

本日の記念すべき日が、日中交流の来し方を振り返りつつ、建設的かつ安定的な日中関係に向けて、新たな一歩を踏み出す機会となることを心より祈念しています。皆様方と共に、戦略的思考に立ち返り、大きな歴史的視野をもって、日中関係を再構築していくために努力していこうではありませんか。

最後になりますが、日中平和友好条約締結四十五周年を皆様と祝福するとともに、これまで日中関係の発展に尽力されてこられてきた、全ての方々に対し、心からの敬意を申し上げ、私の挨拶とさせていただきます。

（二〇二三年十月二十三日、日中平和友好条約締結四十五周年記念レセプション（釣魚台国賓館）における挨拶より）

過去の英知に学ぶ

©Tarumi Hideo

中国社会科学院主催の日中平和友好条約締結四十五周年記念シンポジウムでの講演。日中両国が学ぶべき過去の英知として、『論語』や『貞観政要』について説明した。

日中両国は、昨年国交正常化五十周年を迎え、また今年は平和友好条約締結四十五周年という節目の年を迎えています。長い歴史の中で、日中関係は数々の困難に直面してきましたが、その風雪に耐え、一つ一つ乗り越えてきました。しかし、日中関係が受ける厳しい試練は、容赦なく続きます。現在もまた、日中関係は新たな困難に直面しています。

日本人は過去、長い歴史の中で様々な漢籍、つまり中国の古典から、人としての在り方、日々の生活の知恵、治国の理念を学んできました。例えば、唐詩の修得は、平安時代の宮廷人の教養として必須のものでありました。江戸時代には、寺子屋を通じて庶民に至るまで、漢文の素養を修得することは当然のように求められ、各人の人格形成に大きな役割を果たしてきました。今でも、日本では、中学・高校で漢文の授業があります。私も、学生時代に四書五経の一部を学び、当時漠然としながらも、己を修め、人を治めることとの大切さに気がついたことを覚えています。壮年になってからも、著名な先生に就いて漢籍を学び直す機会もありました。

現下の日中関係に目をやれば、決して理想的とは言えない状況にあります。日中両国は困難な挑戦を前に困惑し、自らの立ち位置を見失っていると言ってもいいかもしれません。私は、こういう時期だからこそ、共通の古典に慣れ親しんできた日中両国は、そこに知恵を求め、関係改善の糸口を見つけるべきであると考えています。

『論語』には、「人、遠き慮りなければ、必ず近き憂いあり。」とあります。これは、現在の日中関係の問題点を端的に表していると言えましょう。「遠き慮り」の欠如、すなわち、戦略的思考の欠如こそが、我々が目の前の問題に囚われ、立ち位置を見失っている根本的な原因に他なりません。

日本と中国は共にアジアに位置する大国です。日中関係の安定は両国国民の利益であるだけでなく、地域ひいては世界の安定と平和に寄与します。国益が異なれば、時に一定の摩擦や対立があるのはごく自然なことであります。しかし、より重要なことは、両国が立場の違いはあっても、戦略的高みに立って意思疎通を続け、日中関係を安定させることであります。

また、『論語』は、「君子は、和して同ぜず」と教えます。この考え方もまた、現在の日中関係が必要とする珠玉の教えであると思います。日中両国は協調すべきではありますが、政治体制が異なる以上、主体性を失って安易に同調する必要はありません。必要なときには、主張すべきことをしっかりと主張しながらも、協調を模索していくことが大事であります。逆に、協調のために主体性を失って、同調だけを求めるのは、真の君子の付き合いではありません。「君子は、和して同ぜず」の後に、「小人は、同じて和せず」と続きます。日中両国も君子であると、私は信じたいと思います。

日本人が漢籍から学んだものは、四書五経にとどまりません。日本における超ロングセラーとも言える『貞観政要』もまた、古くに中国から日本に伝えられ、日本に大きな影響を与えた古典であります。これは、中国歴代王朝で最も英明な皇帝とされる唐の太宗（李世民）と、魏徴をはじめとする臣下たちとの問答をまとめたものです。北条政子、徳川家康、明治天皇といった日本の多くの為政者が帝王学としてこれを学んできただけでなく、現代でも日本の各界のリーダーが愛読しています。ほかならぬ私も、中国大使に就任するに当たり、『貞観政要』に知恵を求めました。今、日中両国に最も必要とされている戦略的思考についても、我々はこうした先人の知恵から大いに学ぶことができると思います。

以上見てきましたように、日本は古くより、中国から非常に多くの普遍性のある文化や考え方を、漢籍を通じて学んできました。また、日本は、中国から学んだものを、日本の独自の文化として主体性を持たせて発展させてきたものもたくさんあります。例えば、茶道は中国から取り入れたお茶を独自の日本の文化として育成し、一種の芸術として昇華させたものでありま す。そこには新たな普遍性が宿り、今や多くの中国人が日本の茶道を学んでいることは良く知られたことであります。このように、我々日中両国は、多くの文化や考え方を共有できるすばらしい土壌があります。

現在、日中関係は大きな挑戦を迎えています。こうした時だからこそ、我々日中両国は、その共通の土壌である過去の英知に教えを求め、関係の打開を図っていく必要があるのではないでしょうか。

四十五年前、我々の偉大な先人達は、過去の知恵を踏まえて、日中平和友好条約を締結し、両国が永遠の隣人として進むべき大きな方向性を示してくれました。日中両国は隣国であるがゆえに、様々な摩擦や立場の違いがあるのは正常なことであります。「君子は、和して同ぜず。」主体性を失わず、協調を模索していくことが何よりも大切であることを改めて強調したいと思います。

日中平和友好条約締結四十五周年を契機として、日中関係に従事する全ての関係者が、日中両国にはすばらしい普遍性のある共通の財産があることを、いま一度想起し、未来の日中関係を展望するための立ち位置を見定めることができるよう願ってやみません。

最後になりますが、本日のすばらしいフォーラムが成功裏に開催されますこと、そして皆様のますますの御発展と御活躍を祈念して、私の挨拶とさせていただきます。

（二〇二三年十月二十五日、「日中関係と国際秩序」―日中平和友好条約締結四十五周年記念国際学術シンポジウム開幕式での挨拶より）

今に生きる
助け合いの人間ドラマ

©Duan Yuezhong

日本僑報社に対する在外公館長表彰式での挨拶。日中両国の歴史は、共に助け合いの人間ドラマにより紡がれてきた関係。段夫妻の生き様を紹介し、それは今も生きていることを紹介した。

本日、段躍中ご夫妻を日本大使館にお迎えし、関係者の皆様と共に、日本僑報社に対し、日本大使賞（在外公館長表彰）を授与できますことを嬉しく思います。

また、本日は、段夫妻の古くからの友人であり、また、私の尊敬すべき上司であった谷野作太郎大使が、本日の授賞式のために、わざわざ日本から駆けつけて頂けました。

谷野大使がこの大使公邸におられたとき、私は駆け出しの一等書記官でありました。谷野大使、お帰りなさい。本日は誠にありがとうございます。

日本僑報社の御功績は、先ほど司会からも紹介がありましたので、私の方から繰り返すことはいたしませんが、本日、この場で表彰式を執り行うことには、大きな意義があると考えています。

私が段夫妻と知り合ったのは、およそ二十年前に遡ります。当時、段夫妻は、「中国人の日本語作文コンクール」を始めたばかりで、私は数々のアドバイスを行うとともに、スポンサー探しに協力しました。

その後、二〇〇八年から最優秀賞を日本大使賞とすることになり、以後、同コンクールは大きく発展し、今や、中国で日本語に携わる学生や教師なら知らない人はいないほどの大会にまで成長されました。

私は近く大使の任期を終え帰国することになっています。大使任期中、私は訴えてきたことがひとつあります。

それは、日中両国は一千年以上にわたり、無数の助け合いの人間ドラマが織りなしてきた関係にある、ということであります。私は、このことを、これまで空海や隠元、鄭成功や、近代では梁啓超といった歴史人物に焦点を当てて、語ってきました。

しかし、こうした心と心が触れ合う人間ドラマは、必ずしも古い歴史を遡らなくても、現代にも生き続けています。まさに、段夫妻の生き様は日中両国の共に助け合う人間ドラマを体現していると言えるのではないでしょうか。

段夫妻は日中関係が厳しい折も、コロナの影響により交流が難しくなった時も、一度も絶えることなく、「中国人の日本語作文コンクール」を続けてこられました。私は日本国大使として、段躍中ご夫妻が務めてこられた、素晴らしい人間ドラマに対し、ここに崇高な敬意を表したいと思います。

最後に、日本僑報社のこれまでの御功績に改めて心から感謝と敬意を表するとともに、段躍中ご夫妻、谷野大使及び御列席の皆様の御多幸、そして日中関係の更なる発展を祈念し、私の挨拶とさせていただきます。

（二〇二三年十一月十日、日本僑報社への在外公館長表彰式での挨拶にて）

駆け抜けた外交官人生

©Tarumi Hideo

離任レセプションでの挨拶。この日は英語と日本語（中国語通訳）による二回の挨拶を行った。四十年弱の外交官人生を振り返り、何の悔いもない駆け抜けた外交官人生であったと胸を張った。

After 3 years since I returned to China as the Ambassador, it is time for me to move onto the next stage of my life. Out of my 38-year career as a diplomat, I spent a total of 18 years in mainland China, Hong Kong and Taiwan. For me, China has always been an important part of my professional life.

Just like any relations between two neighbors, Japan and China have experienced dramatic ups and downs, like a roller coaster, over the years. Managing Japan-China relations remains tough, but I did all I can to run through my long journey as a diplomat. Now, I feel a sense of relief. There is nothing I regret.

What is unique about our relations is its long history – we have been neighbors each other for hundreds and thousands of years. Last year, we marked the 50th anniversary of the normalization of our bilateral relations, and this year marks the 45th anniversary of the Treaty of Peace and Friendship between Japan and China.

As we turned a new page into the future, both sides are now working very hard to put the relations back on track. As many Japanese do, I always cherish Chinese classical works, such as 'Lun Yu' (The Analects of Confucius). China's history is filled with human drama and always gives us important guidance. Confucius once said,

“人无远虑，必有近忧.” It means “if you don't consider the distant future, you are bound to face difficulties in the near future.” I believe his words still carry great relevance today.

Most recently, in San Francisco, Prime Minister Kishida and President Xi Jinping reaffirmed to promote a “mutually beneficial relationship based on common strategic interests.” This summit meeting clearly set the right tone, and I certainly welcome this development. I do hope that both sides will maintain such strategic approach to re-establish Japan-China relations.

For any country, Beijing is the focal point of managing relations with China. Just as importantly, given the standing of China on the international stage, Beijing is where we all find ourselves at the forefront of world diplomacy.

In this regard, it is hard to describe how much I learned from every one of you in our daily communication. Moreover, there is always a strong sense of friendship among us. Maybe, the difficult time we experienced together under COVID brought us even closer together.

As you see a big smile on my face, I cannot hide how excited I am about the next chapter in my life.After returning to Japan, if my government allows, I plan to devote myself to the art of photography. Both the art of diplomacy and the art of photography requires persistence, creativity and respect. Now, it is time for me to start telling many untold stories through my photo works.

The time has come to say goodbye to my work in Beijing, but not to you. Please remember that we will remain very close to you – it takes only 3 hours from here to Tokyo by plane. I always wish you good health and happiness, hoping that our paths will cross again in the not-so-distant future.

Again, thank you very much for everything.

公邸の庭が紅く色付く、錦秋の時期を迎えました。本日は、私の離任レセプションにお越しいただき、心よりお礼申し上げます。

私は、まもなく、駐中国大使としての任務を終え、帰国することになっています。二〇二〇年十一月の着任以来、これまで培ってきた知見や人脈、経験を活かし、なんとか最後の奉公を勤め終えることができたのではないかと安堵しています。

この間、本日ここにいらっしゃる皆様をはじめ、多くの方々の御支援をお借りいたしました。先ずは、そのことに対し、心から感謝を申し上げたいと存じます。

私は、一九八〇年代半ばに南京大学に留学して以来、これまで北京で四回、香港で一回、台湾で二回の海外勤務を経験しました。また、東京の外務本省においてもアジア局勤務が長く、外交官人生の大半を中国に関わる業務に捧げてきました。

今般、大使としての任務を終え、北京を去るにあたり、これまでの外交官人生を振り返れば、ひと際感慨深いものがあります。本日は、折角の機会でありますので、私の好きな中国のことわざや詩を使って、その思いを披露させていただければと思います。

まずは、「縁有れば千里も来たりて相会い、縁無ければ対面すれども相逢わず」。

私が最も好きな中国のことわざです。

先ほど申し上げたとおり、これまでの四十年弱の外交官人生において、その約半分の十八年間を北京、香港、台湾で勤務し生活してまいりました。それほどまで私は、中国と深い縁があったのだとつくづく感じています。

この長い期間において、私は多くの素晴らしい中国の方々に出会い、また助け合いを通じ友情を深めることができました。友人の多さは私の自慢であり、かけがえのない財産であります。

これからも、中国の方々との縁を大切にして、今後の人生を全うしたいと思います。


次に、「山重水複路無きと疑うに，柳暗花明また一村」。

これは、南宋の詩人陸游の詩です。「行けども行けども、山が幾重にも重なり、川も曲がりくねり、もうこの先に道がないのかと思ったところ、暗く生い茂った柳の向こうに鮮やかな花が咲く村が見えた」という意味です。

これは、まさに日中関係を考える上で重要な視座を暗示しているのではないでしょうか。

日中関係は、昨年は日中国交正常化五十周年、そして本年は日中平和友好条約締結四十五周年を迎えました。この間、日中関係は素晴らしい時期もありましたが、一方で常に順風満帆というわけでもありませんでした。特に、私が外務本省の中国課長や当地の日本大使館政務公使等、責任ある立場を務めている時に限って、日中関係は苦境に立たされました。今般、大使の在任期間中においても、私の力不足もあり、日中関係は必ずしも理想的な状況ではありませんでした。日中間で相互不信が強まる中、私は常に陸游の詩を思い起こしました。「柳暗花明の村」はきっとあると。日中関係再構築のための希望を失わずに努力してきました。

そうした意味では、先般、サンフランシスコで、岸田総理は習近平国家主席との間で日中首脳会談を開催し、双方が戦略的互恵関係の再構築を確認したことは喜ばしいことであります。しかし、その実現は容易ではなく、双方が常に理性をもって不断の努力を重ねていくことが求められています。

私は、日中関係を長い歴史の中に位置づけて、理性的にとらえていくことが大切であると常々考えてきました。

鑑真、空海、隠元、羅森、梁啓超などが残した交流の物語が示すように、永遠の隣人である日本と中国の関係は、一千年以上にもわたる互いに助け合う人間ドラマが連綿と紡がれた関係にあります。こうしたドラマは現在も進行しており、今を生きる我々もまた、このドラマの登場人物のひとりであると言えます。

昨今、日中両国ともに人の寿命は延びましたが、それでもせいぜい百年程度であります。しかも、しっかりと仕事ができる時間は更に短く、長い人でも数十年程度であります。しかしながら、日中関係は、これからも、何十年、何百年に亘って続いていきます。

そうした意味において、今、我々が行っていることは、次の世代へ連綿と受け継がれていくものであります。私の後に続く後輩達にも、その重みをしっかりと噛みしめ、たとえ困難に直面したとしても、目の前の出来事に一喜一憂せず、日本の国益、そして日中関係のより良い未来のために、誠心誠意尽力してほしいと願っています。


最後は、宋代の蘇東坡の有名な詩で締めくくりたいと思います。

「人に離合の悲歓有り、月に圓欽の陰晴有り、此の事いにしえより難し、ただ願う人の長久なるを」。

「人には別れの悲しみと出会いの喜びがあるが、これは、月に満ち欠けがあるように、古来よりどうすることもできない道理であり、ただ友の長生きを願う」との意味です。

今般、帰国するにあたり、少なからずの日本、そして中国の友人から名残惜しいとの声をかけていただき、心よりありがたく感じています。

振り返れば、四十年弱の間、精一杯駆け抜けた外交官人生であったと自負しています。なんの後悔もありません。

帰国後の密かな夢は、写真家を本職にしていくことであります。レンズで切り取った大自然の偉大さや生活する庶民の喜怒哀楽は、どこにいようと何ら違いはありません。

そのことを、自然の神秘さに畏敬の念を抱き、思いやりの気持ちで庶民に接して撮りためてきた、日本と中国、そして台湾の写真作品を通し、少しでも多くの方々に伝えていければと考えています。

最後になりますが、あらためて大使の任期中、そして四十年近くに亘る外交官人生の中で、私を教え導き、力を貸してくださった全ての方々に対し、心から感謝を申し上げるとともに、ご来場の皆様の御健康、そして日中関係の更なる発展をお祈りして、私の挨拶とさせていただきます。

（二〇二三年十一月二十二日、垂秀夫大使離任レセプション／日中平和友好条約締結四十五周年記念レセプションでの挨拶より）

光《こう》風《ふう》霽《せい》月《げつ》

日本大使公邸で行われた離任記者会見での
やりとり。邦人記者の要望により開かれた。
離任する大使にとっては異例の記者会見。
四十年近い外交官生活に対し、なんの後悔も
ない心情を吐露した。

離任記者会見ということですが、ちょっとピンとこないですけれども、こういう機会をいただいたことに御礼申し上げます。

私は十二月六日に任務を終え、この地を離れて帰国することになっています。振り返れば、大使在任中もさることながら、四十年近い外交官生活の大半を中国関係に携わってきたという意味で、それなりの感慨はあります。

国民の税金で養っていただいたといいますか、公僕として、長年力をためてきた知見、経験、人脈、これらを生かして、何とか大使の任務を、最後のご奉公をかろうじて勤めあげられたのではないかと安堵しています。

後ほど皆さんから日中関係や中国の問題で質問があると思いますので、最初は私が大使として何をやってきたか、その時どういう気持ちでやってきたかという内容を簡単にご紹介、ご説明させていただければと思います。

私が中国大使として着任したとき、この場で着任記者会見が開かれました。そこで私は大使館任務の今後の大きな柱として二つのことを申し上げました。一つは日系企業支援、もう一つは邦人保護、在留邦人の安全確保でした。

まず日系企業の支援という点については、日々のいわゆるビジネストラブルへの対応、これはもちろんのことながら真剣に取り組んできました。

また、中国で行うビジネスが昔に比べれば非常に難しくなっている昨今、どちらかというと互助団体的であった中国日本商会の組織改革を提案し、大きく改革していただきました。

その結果として、今年の春から日本商会は会長職が固定化されました。また、これまでの任務以外にもロービングや調査業務、発信機能などを非常に強化する力強い団体に変貌しつつあるところです。いいスタートを切れたのではないかと思います。

先ほど申し上げました難しい中国ビジネス、とりわけ経済安全保障という観点からもとてもいい動きではないかと思っています。

次に在留邦人の安全確保という点についてです。私は普段から同僚に対して、（大使館の）政治部、経済部、広報文化部、いずれの部門にいようが、すべての者が領事担当官であると。そう何度も言って常に館内の意識改革を行ってきたつもりです。

私もかつて領事局長を担当した身です。ひとつひとつの領事案件、本当に、なんというか、単なる事務処理で済ませてはいけないような非常に厚みのある案件がたくさんあります。

そうしたときに、もし事件・事故が起きた時に当事者が自分の肉親であったらどうかと。自分の父親が、自分の兄弟が、自分の子どもが事件・事故に遭ったらどういう対応をするかと。常にそういうつもりで対応しようと皆で確認し合ってやってきたつもりです。

ときには涙を流すこともありました。それでも領事担当の同僚は非常によくやってくれたと思います。邦人の安全確保、邦人保護という点はわれわれの大きな柱でした。ただ、この邦人保護、在留邦人の安全確保という観点から申し上げれば、今年の三月に起きた、国家安全当局に拘束された在留邦人の方がまだこう留されているという状況につきましては、私個人としては極めてじくじたる思いです。

この二つの大きな柱に加えて、私は一つの試みを提案しました。それは何かといいますと、この大使公邸の開放です。この北京には多くの外交団がいます。その数ある外交団の中でもわが日本大使公邸は、その美しさ、あるいは格式の高さ、いずれの点においても最も優れた素晴らしい大使公邸だと自負しています。

調度品も素晴らしいものがたくさんありますし、平山郁夫画伯とか絹谷幸二画伯の絵がかけられているなど、本当に美術館、博物館のような大使公邸です。春には桜が美しく咲きますし、秋には紅葉が見事に色づきます。

その美しい庭園も抱えたこの大使公邸を在留邦人に使っていただく、そういう試みでした。この公邸の建設はもちろん、維持管理は全て国民の税金で賄われています。そういう観点から言えば使っていただいて当然であると。そういう出発点でした。

当初は、在留邦人の方も半信半疑のところはありました。けれども、何度もわれわれが使ってくださいとお勧めしているうちにいろんなことに使っていただきました。コロナの時期もありましたが、それでも私の任期中に百二十回を超える公邸開放、公邸の利用が行われました。

例えば企業間のＭＯＵ（基本合意書）の調印式だとか、あるいはジャズのコンサートだとか、あるいは剣道の試合だとか、あるいは某大学の同窓会だとか、いろんな形で使われました。時には日本人学校の子どもたちを中心にこいのぼり参観、あるいはひな祭り参観、そういうことに使われたこともあります。

普段、公邸とあまり関係がないと思われるような方々、例えば駐在員の配偶者だとか日本人学校のＰＴＡの方々には一般参観日も設け、対外開放する日もありました。そういう試みを行って、これまで十分に使っていただいたと思っています。この試みは非常に上手くいったのではないかと思っています。

さて、中国で仕事を行っていく上では、特に私の任期中はコロナが非常に蔓延している時期でしたし、また、ちょうど去年は日中国交正常化五十周年、今年は日中平和友好条約締結四十五周年というエポックメイキングなこともありましたが、時には厳しい勤務環境の中で日本ではちょっと考えられないようなことが起きることもありました。

例えば、昨年の五十周年の関係では、在留邦人の人たちが手作りで祝うために、いろんな交流事業、文化事業を準備したり用意したりしましたけれども、それを日中関係が悪いという状況の中で、コロナを理由に何度も延期されたり中止されたり、そういうことがありました。また、われわれとしてはなかなか受け入れがたいような理由で、日本の政策を批判されるようなこともしばしばありました。そういう時、多くの日本の人たち、とりわけ中国に長く勤務しているような人たちには「中国だからしょうがない、郷に入っては郷に従わないといけない」と理不尽なことを受け入れてしまうきらいが、私はあるのではないかと思っています。

そうしたときに民間の人、それぞれの個人はなかなか声をあげにくいのだと思います。立場上も言い難い、企業の人も言い難い。でも私は日本の大使として、しっかり主張すべきは主張する必要があるという気持ちで、必要に応じておかしいことはおかしいということを声にしてきたつもりです。

ただ、ここで大事なことは、相手に対して物申すようなときには、その基準が、私は日本の大使ですから、日本の国益、あるいは日中関係をしっかり維持し大局を守っていくためにやるということが基本であるべきだと思っています。

決して反中とか嫌中とかいう感情で批判したり物事を判断したりしてはいけないと自分を戒めてきたつもりです。

私のそうしたやり方についてどう評価されるのかについては、これは私自身が決める話ではありませんし、日本の皆さん、あるいは世論が決めることでもないのだと私は思っています。私は常々歴史が決めるものだと。歴史が評価してくれると考えて仕事をしてきたつもりです。日本では外交に関する資料は三十年後には対外公表されることになります。その将来の、歴史家か評論家かわかりませんが、そういう人たちがどう評価するのか、判断するのかということが私にとっては一番大事な基準であると、そういうつもりでやってきました。

私は常々同僚に対して、歴史に耐えられる外交をやろうと。歴史に恥じない外交をやろうと。今、その時々を過ごすためのアリバイ作りのためだけの外交をやってはいけないと、そういうことを訴え続けてきました。同僚は皆、本当にそれに応えて非常によくやってくれたと思っています。

そういう意味においては、ちょっととんがっているかもしれませんが、そういう上司、大使を持って非常に大変だったと思いますが、私の同僚は本当によくついてきてくれて非常に良い仕事をしてくれたと思っており、感謝しかありません。

先般、サンフランシスコで岸田総理大臣と習近平国家主席との間で日中首脳会談が開かれました。一番大事な点として、日中両国は全面的に戦略的互恵関係を推進することを再確認するということが示されました。私は非常によい会談だったのではないかと思っています。

これからが実は大変だと思います。大きな方向性を示すこと、これは何とかやれました。ただそれを具体化、実現していくことが、実はある意味ではもっと大事である、そう思っています。そうした意味では、引き続き日中双方の外交当局、あるいは政府全体がともに努力して、日中関係をさらに高みに押し上げていく必要があると。建設的、安定的関係を強化していく必要があると考えています。


冒頭申し上げましたように、四十年近い外交官生活において、十八年間、中国大陸、香港、台湾と勤務して参りました。私なりに一生懸命やってきたつもりです。精一杯駆け抜けた外交官人生だったのではないかと今思っています。何の後悔もありません。光風霽月の心境です。非常に爽やかで、思い残すことは何もないと、そういう心境です。

私の第二の人生の夢は、何らかの形で写真の世界で生きていくということであります。そのことを考えると、また非常にチャレンジ精神が湧いてくるという意味では、光風霽月と言いながら、また気持ちが震え上がってくるところがあります。中国も、日本も、あるいは台湾も、自然の美しさや一般庶民の喜怒哀楽には何の変わりもありません。私は中国大陸で撮りためてきた写真、そして日本、台湾で撮りためてきた写真、これらを多くの日本の方に示して、共通点をしっかりと伝えていくことによって、日中関係の更なる強化をお手伝いしたいと思っています。

冒頭私からのご挨拶は以上です。

質疑応答

――中国に長らく携わってきた外交官として今の日中関係についてどのような感想を。また今後の日中関係はどのようにあってほしいと考えるか。

今の質問で思い起こすのは、去年、日中国交正常化五十周年のときの大使公邸での記念レセプションです。私はそのレセプションの挨拶で、こういうふうに日中関係をたとえました。これまでの日中関係はジェットコースターのようだと。上がったり下がったり、良くなったり悪くなったりだと。

遊園地で遊ぶジェットコースターは楽しいでしょうが、日中関係というジェットコースターに乗っている日中両国国民はたまったものではないと。今後はジェットコースターではなく、ゆっくりゆっくり走る普通電車がいいのではないかと。要は、日中関係はしっかりと安定的な関係を構築していくことが大事だということを申し上げたつもりです。

日中関係が安定化するためには、やはり一番大事なものは日中間の意思疎通だと思います。日中両国が永遠の隣人であることは間違いのない事実です。互いに引っ越すことはできません。国が違う以上、それぞれ国益を背負っているという意味において、ときには立場の相違だとか摩擦だとかがあるのは正常なことだと思います。また、自然なことだと思います。だからそれを恐れる必要は全くありません。

恐れないといけないのは、日中間で意思疎通がなくなることです。摩擦や意見の相違があればあるほど、本来であれば、日中の意思疎通は強化されなければならない。そういうふうに考えます。首脳間から民間レベルの交流に至るまであらゆるレベルで意思疎通が行われる必要があると。そういう関係が私は望ましいし、それが安定した日中関係につながるのではないかと思っています。

——邦人保護の観点から。ことし三月に男性社員が拘束され、いまだ解放されていない。大使は十一月二十八日にみずから領事面会に臨んだ。どういう思いで、なぜこのタイミングで臨んだのか。

サンフランシスコの日中首脳会談で、岸田総理は習近平国家主席に対して、できるだけ早期の釈放を要求されています。

それを受けて、北京という最前線で働く、なおかつその責任者である私が、そのための仕事を行うということ、これは、当然、まずやらないといけないことであると言えます。

さらに申し上げれば、私みずからが領事面会に行く必要があるとずっと考えていました。いろいろな事情があってそれは成し遂げられませんでした。

実は私による面会は領事面会としては八回目で、それ以前に七回領事面会が行われていました。私は毎回、面会に行く同僚にメッセージを託していました。「われわれとしてはこの問題にしっかり取り組んでいくので気をしっかり持ってください」という趣旨のメッセージです。

今回、私が帰国することになり、このまま何もなしに本当に帰っていいのかと。私は、それは人の道ではないと。許されるのであれば直接会って帰国するという報告と、私の任期中に結果的には助けることができなかったことについてのお詫びを伝える必要があると感じていました。それが人の道であると感じていました。

また、私が行くことによって、例えば、メディアが関心を持ってくれ、日本政府としてこの問題にしっかり取り組んでいるというメッセージにもなると考えました。そして、非常に重要なことだと思いますが、この問題は決して風化させてはいけないと、忘れてはいけないと。多くの関係者の中でこの問題がだんだんと話題に上らないようになってはいけないと思っていましたので、私は自分が行くことが必要だと感じていました。

——日中関係に関連した質問を。コロナが明けたあともビザの免除が回復しない状況。日本から中国を訪れる人が少ない状況になっている。今後何に期待するか。

人の往来が極めて少ない。とりわけ、日本から中国に来る人の数が極めて少ない。いろんな理由があると思います。そもそもビザがなかなか取りにくい。昔はノービザということもありましたし。中国から日本へ行く旅行者、こちらも一番多かったときに比べればまだ半分にも達していません。ただこちらはそれでもそれなりの人が日本に行ってくれてはいます。

結果として何が起こっているか、どういう影響があるかと申し上げれば、生の中国を見る機会があまりない、等身大の中国を知る機会がなく、中国に対する理解が深まらない、ということであります。

あるいは、万が一中国に対して誤解を持っていたとしても、それが増長してしまう、それが減じることもない、そういうことに繋がってしまいます。

いずれにしろ、相互理解が深まらないということが、間違いなく起きています。昨今の日本人の対中感情の低さを表すいろいろな世論調査がありますが、それらを見てもそのあたりは歴然と出ているのではないでしょうか。


——広報スタイルについて。中国が発表した後に日本側が反論するという広報スタイルがあったと思う。それは垂大使から始まった形式だと思うが、この狙いは。

私どもからすれば、受け入れがたい理不尽な批判等があったとき、あるいは申し入れがあったときには、われわれとしてあるいは私個人として、しっかり物申す必要があります。歴代の大使も同様にやられ、しっかりと反論されておられたと私は思っておりますし、信じております。

ただ、今おっしゃられたように、私のやり方が特別に見えているのであれば、若干違いはあるのかもしれません。一般論で申し上げて、例えば中国側が私どもに申し入れをした時、私は必ず、あるいは歴代の大使もきっと同じだと思いますが、必ず反論する、あるいは日本側の立場を言う、日本としての反論を行うのです。

ところが、中国は国営の新華社通信がそれを流す場合、われわれの発言は完全に無視されるわけです。中国側の言い分しかないわけです。私はそれでいいのかと考えました。ある問題において、日本の大使が呼びつけられて、それに関する報道が中国側の一方的な主張しかこの世に出ない、それでいいのかという問題意識がありました。

ことばが悪くて申し訳ないのですが、中国が出していないのに、私どもがけんかを売る形で、われわれから直接（反論を）出すということはなかったと私は信じています。中国側が出した時に、われわれが必ず反論すると。われわれも主張していることを出すということは確かに行いました。この世に中国だけの主張しかないことにならないように心がけたつもりです。

日本の（メディアの）皆さんを批判しているわけではありません。日本の皆さんは非常に立派です。中国側の主張も、日本側の主張も書かれます。喧嘩両成敗じゃないですけど、大体、一応二つの主張を書かれるわけです。最初の頃、私の主張が少ししか書かれなかった時もありましたが、だんだんとたくさん書いてくれるようになりました。

中国側はどんなことであっても自分たちのことしか書きません。それでも皆さん（日本のメディア）は書いてくれる。私はそれを信じて、この世に中国側の主張しかないということになってはいけないと思ってやってきました。これは私の信念でやったことです。今後どうかということについては、私は申し上げる立場にありません。

——大使の任期中、中国では習主席が三期目に入るという政治的に大きな動きがあった。三期目の習主席が率いる中国と日本は今後どう向き合っていくべきか。

極めて大事な、いい質問なのですが、私もまだ現役ですので、なかなか入り込めない部分もあり、答えが奥歯に物が挟まってるような言い方になるかもしれません。

中国は非常に変わってきています。どんどん変わってきています。それに応じた付き合い方、あるいは対中政策を考えていく必要があると思っています。一般論として言えば、私は首脳会談、この重要性がますます大事になっているとこの場で、そう言っておきたいと思います。

——習主席になってから社会の統制が非常に厳しくなってきている。中国の人たちの価値観も多様化している。中国は社会統制の厳しさに耐えうるのか。また、仮に内側から変えようという動きが出てくる可能性があるかどうか、その場合日本としてサポートするようなことができるのか。

敏感な質問ですね。とても大事な質問であります。いつもみたいに完オフ（注：「完全オフレコ」のことで、取材相手の名前や発言内容など一切を公表しないこと）であればいくらでも喋りますが、ここは完オフではないので（笑）。そうした意味において申し上げれば、今、言われたように、中国社会、社会統制がどんどん強くなってきているのではないか、それを内側から変えようとする力があるのではないか等々、そういう見方が存在していること自身、私は承知しています。そういうふうにだけ申し上げておきたいと思います。また日本がそれにどういうふうに関わっていくべきなのか、あるいは関わっていくのがいいのかということについては、私はまだ現役ですので、お答えを差し控えさせていただきたいと思います。ご理解ください。

――福島の処理水の対応をめぐり日本産の海産物の全面禁輸が続いている。この問題について今後どのように対応していくのか。

私の見方で申し上げれば、今回の首脳会談で二つ大事な点があったと思います。一つは、日中関係の位置付け、戦略的互恵関係を再確認すること。もう一つは、処理水の問題について。日中が、例えば専門家どうしがしっかり意見交換する。そういう形で互いにこの問題の解決に向けて知恵を出すといった方向性を確認したことだと思っています。

もちろん日本としては、今のＡＬＰＳ（アルプス）の処理のやり方について、政府の一員として絶対的な自信を持っています。そうではありますけれども、一方で隣国の中国が別の意見を持っていることに対して、その意見、その主張は一切聞かないと、耳も貸さないというような姿勢は必ずしも適切ではないと思っています。

日中の関係当局、あるいは専門家どうしの意見交換、これを通じて、何とか着地点を見いだしていく、一刻も早く中国側の水産物の全面禁輸を解除するために努力することが大事だと思っています。

――大使の在任中に最も印象に残っていること、また離任に当たって心残りなことがあれば。印象に残っている中国の指導者は。エピソードなどあれば紹介してほしい。

まず最も印象がある出来事、これはもういろんなことがありました。コロナについては、皆さんも同じように経験された方はたくさんいらっしゃると思いますが、特に昨年の今頃なんかもう大混乱でした。隔離生活も長かったりと、いろんなことが走馬灯のようにあるので、どれがと言われるとなかなか難しい。

中国の古い友人、それから新しい友人と深い付き合いができたということも私にとっては極めて印象深いことでした。

あえて一つ申し上げれば、先般の日中平和友好条約締結四十五周年の際に中国が釣魚台国賓館で行った記念レセプションで、私は大使としてスピーチする機会を与えていただきました（P157～参照）。私はその中で、戦略的互恵関係、これが生み出された経緯を紹介するとともに、日中両国は戦略的関係の再構築が必要であると訴えました。スピーチが終わったあと、壇上から降りてきたときに、皆が座っている中で、一人、王毅中央外事弁公室主任兼外交部長が立ち上がって私のところまで迎えに来て、「大使、スピーチは良かった。素晴らしかった。ぜひ、戦略的互恵関係を再構築しよう」ということを言って、握手を求めてきたことは、とても印象のある出来事だったと思います。

何かやり残したことについてですが、あえて言えば先ほどの邦人拘束の件です。

それ以外に申し上げれば、私は大使になってこういう大使館を作りたい、こういう気持ちで大使としての仕事をやろうと思っていたことについては、ほぼできたと思っています。もちろん、私が独りよがりにできたというよりも、私の同僚たちがしっかりついてきてくれたことが一番大きな理由です。私が思い描いていた大使館像、これをしっかり作れたと思っています。そういう意味では何ら思い残していることはないというのが私の心境です。

それから、心に残った指導者という質問ですが、長い外交官生活の中でということで申し上げれば、あえて中国側の指導者のことを申し上げます。

日本はまだ何とか頑張ってらっしゃる方がいらっしゃる中で、リスクを取って日中関係をしっかり進めていく、あるいは守っていくという中国側の指導者は、今やそう多くないというか、ほとんどいないと思います。

そんな中にあって、思い起こせば、詳しいことは申し上げられませんが、二〇〇九年に、ある場で引退された曽慶紅《そうけいこう》さん（注：元国家副主席。江沢民前総書記に近い実力者で、日本の政界にも幅広い人脈をもっていた。習近平氏が中国政治の表舞台に出てきた背景に、曽氏の影響力もあったといわれている）に会う機会がありました。そこで曽慶紅さんに、私の方から一つ質問しました。曽慶紅さんは、中央組織部長も務められたことがあり、いわゆる江沢民さんの側近中の側近であった方ですが、二〇〇二年四月だったと思いますが、訪日しているわけです。

なぜその訪日が大事だったかというと、実は当時、小泉総理の時代で、小泉総理自身が靖国神社に参拝した直後だったからです。その直後に、曽慶紅さんは日本を訪問されました。日本といっても大分県でした。確か私の記憶が間違いなければ武漢と大分のチャーター便を飛ばすか何かそういう話だったかと思います。

私は聞きました。「なぜ日本に行けたのですか。いろいろ反対はなかったのですか」と。曽慶紅さんは満面に笑みを浮かべて答えてくれました。「日本には私の友人二人が待っていた。一人は野中広務さんで、一人は大分県の平松知事だ。日本の友人が待っているので、私は行かなければならないと思った。私は、二人の指導者に許可をもらった。一人が江沢民さん。もう一人が外交担当の副総理であった銭其琛さん。二人とも喜んで行ってきなさいと言ってくれた。友人が待っていたから私は行ったのだ」と。それを聞いて私は、リスクを取ってでも日本を訪問する、日中関係を進めるという本当に素晴らしい人だなと感じました。私にとってはとても心に残ったやり取りでした。

――改革開放で多くの日本企業が中国に来て経済交流を進めてきたが、足元では中国での事業リスクの高まりもあって対中投資意欲を大きく下げているという実情もある。中国で日本企業がおかれている状況や日中の経済関係は今後どうなっていくと考えるか。

私は二つのアプローチが大事だとつくづく思っています。一つは攻め、一つは守り。現実問題として、改革開放以降、日本経済、日本のビジネス界は中国との間の経済交流・経済往来を強化させてきました。ある統計によれば、今や中国大陸に、拠点数を入れた数字で申し上げれば、三万以上の日本の会社あるいは拠点があると。中国大陸の中で最も大きなプレゼンスを示しているのが日本企業です。

日本経済を考える上で中国経済を抜きに語ることはあり得ないと思います。もちろん、中国経済の大きなマーケット、これも非常に魅力的ですし、イノベーションやデジタル経済など、日本から見ても極めて目を見張るような動きを示していることもあります。どういうふうにして日本経済としてこれを活用していくのかというような視点は非常に大事だと思います。そうした意味では、中国との経済関係を能動的にしっかりと強化していくということはとても大切だと思っています。

一方で、中国でビジネスをやっていく上で、近年ますます難しくなっています。いろんな問題も生じてきています。まず最初に中国経済そのものが、特に今年に入って、あるいは去年ぐらいから、非常に不景気である、デフレ気味の状況を示しているということもあります。それはまだ一つの経済の状況ですが、それだけではなくて、例えば、よく言われる自立自強のサプライチェーンの策定、あるいは自国産品を優遇するような政策もあります。

中国側は否定するのですが、内外差別を行っているのではないかと思われるような対応も見受けられます。業種によっては強制的な技術移転というような動きについても、われわれはいろいろ相談を受けていることも事実です。そういう経済安全保障的な側面から見ても、しっかりと守り、しっかり脇を締めて、中国経済、中国とのビジネスをやっていく必要があります。

私は両方が大事だと思っています。決して守りだけではダメであり、もちろん攻めだけでもダメで、攻めがあって守りが必要であると考えています。

――「ゼロコロナ」政策について。大使は着任から隔離を受け、終了まで全部見届けた。日本と全く違うスタイルをとった「ゼロコロナ」政策をどう総括するか。

着任のときは二週間の隔離でした。十日ではなくて二週間の隔離生活でした。総括は、私が行うのではなく本来中国政府ないしは中国共産党が行うべきものです。実際もう何度も総括していて、中国政府・中国共産党としては何度も勝利宣言を行っているので、それに私が横から総括するっていうのは変な話かもわかりませんが、印象だけ申し上げます。

正直申し上げて、前半期は、「ゼロコロナ」、一種の無菌状態を中国の中でつくる。そのために隔離を二週間だ三週間だ、地域によっては二か月を要求しているところもありました。そのかわり、中国に入れば無菌状態、実験室みたいな状況をつくって。実はそれはそれでうまく回っていたのも事実だと思います。

ところがオミクロン株の流行となって、それはもう効果を発せられなかった。オミクロンの威力、伝染力がもっと強かった。私は政策を変更するタイミングを逸したのではないかと個人的には思っています。そのタイミングを相当間違ったんじゃないかと。それが私の印象です。その結果、後半の方は、世界的にもまれに見るようなロックダウン等があったり、北京では「弾窓《タンチュアン》」(※)という、経験した人でないとわからないような政策がとられたり、いろんな不可思議なことがありました。最後は大混乱の中、「ゼロコロナ」政策が取り下げられていく。全体としての評価については、私の個人的印象だけを申し上げれば、タイミングを逸してしまったというか、良くなかったと思っています。

※「弾窓」とは、「ゼロコロナ」政策のもと、スマートフォンの「健康コード」と呼ばれるアプリに表示されたポップアップメッセージのこと。感染者が出た地域に行ったと認識されると、濃厚接触者でもないのに「あなたはリスクが高い地域を訪問しました」と表示される。この表示は自分では解除できず、数日間建物へ入れなくなったり公共交通機関の利用ができなくなったりする。

――米中関係について。サンフランシスコで米中首脳会談が行われたが、今後も米中対立の構図は続くとみられている。今後、米中対立が深まる中で日本の役割は何か。また日本政府として現状、どのくらい日本の役割を果たせていると考えるか。

日本大使としての立場で第三国どうしの関係である米中関係について、表だった評価をするのはなかなか難しく、差し控えないといけないのですけれども、一般論として申し上げます。米中関係の安定化は、日本としては非常に希望しているところです。今回のサンフランシスコにおける米中首脳会談についてもいろいろな論調があるのは承知していますけれども、私は今回の会談を歓迎しています。

日本がどういう役割を発揮するかということについて。アメリカはわれわれの同盟国であり、日米同盟という強固な信頼関係のもとで、われわれは必要に応じて中国に対して対話を重ねながら、必要な時には中国に対して大国としての責任を果たしてもらえるように働きかける。そういうふうに考えています。

――拘束された男性社員に領事面会をした判断理由として、帰国の報告と、任期中に結果として救出できなかったお詫びを伝えたいということだった。実際に伝えて先方の反応はどうだったのか。

すみません、私の発言、私の思いはお伝えした通りですが、先方の発言、対応等については私の立場上、紹介するのは恐縮ですが、差し控えさせていただければと思います。

（二〇二三年十二月四日、北京・日本大使公邸での離任記者会見より）

著者 **垂秀夫**（たるみ ひでお）

写真家、元外交官。

1980年大阪府立天王寺高等学校卒業、1985年3月京都大学法学部卒業、同年4月外務省入省、南京大学留学を経て、在中華人民共和国日本国大使館書記官、在香港日本国総領事館領事、日本台湾交流協会台北事務所総務部長、アジア大洋州局中国・モンゴル課長、在中華人民共和国日本国大使館公使、大臣官房総務課長、外務省領事局長、外務省大臣官房長、駐中国日本国特命全権大使（第16代）等を歴任。2023年12月退官。現在、立命館大学教授。

写真家としては、写真集『天涯共此時 北京-東京』などを発表。「写真の日記念写真展2015」環境大臣賞など多数受賞。

秀影社
垂秀夫撮影工作室
http://www.shuei.art/

The Duan Press

「言の葉」にのせたメッセージ

2024年5月23日　初版第1刷発行
著　者　垂 秀夫（たるみ ひでお）
発行者　段 景子
発売所　日本僑報社
〒171-0021 東京都豊島区西池袋3-17-15
TEL03-5956-2808　FAX03-5956-2809
info@duan.jp
http://jp.duan.jp
e-shop「Duan books」
https://duanbooks.myshopify.com/

ISBN978-4-86185-345-6　C0036
Printed in Japan.

中国政治経済史論 シリーズ

既刊3冊

A5版上製本

清華大学教授・国情研究院院長 胡鞍鋼 著

日中翻訳学院 本書翻訳チーム 訳

毛沢東時代

橋爪大三郎氏 毎日新聞書評掲載（2018.1.14） 16000円＋税

鄧小平時代

橋爪大三郎氏 毎日新聞書評掲載（2019.8.25） 18000円＋税

江沢民時代

毎日新聞「2022年この3月」選出（2022.12.10） 18000円＋税

橋爪 大三郎 評

中国政治経済史論 毛沢東時代（1949～1976）

胡鞍鋼著（日本僑報社・1万7280円）

データで明らかにする新中国の骨格

アメリカを抜く、世界最大の経済に迫る中国。その波乱の現代史を、指導者らの実像を織り込んで構成する大作だ。ぶ厚い二巻本の前半、毛沢東時代の部分が今回訳出された。

著者・胡鞍鋼教授は、中国指折りの経済学者。文化大革命時に東北の農村で七年間の辛酸をなめ、入試が復活するや猛勉強で理工系大学に合格。その後経済学も独学でマスターし、認められて米国に留学、帰国後は清華大学のシンクタンク「国情研究中心」を舞台に、膨大な著書や提言を発表し続けている。

中国の経済は政治と不可分である。それを熟知する著者は、党や政府の幹部に向けた政策レポートを書き続けるうち、政治との密接不可分な関係を検証する「歴史」研究こそ経済の本質に届くのだと思い定める。そこで、文化大革命がどういう原因で生じ、どれだけ災厄をもたらしたか、また改革開放がいかに可能となり、どれだけ成長をもたらしたかを、政府統計や党の文書を精査して洗い出した。信頼すべきデータと方法に基づき新中国の政治経済史の骨格を明らかにする、本格的業績だ。

文化大革命の前奏曲が、大躍進だった。経済を理解しない毛沢東がソ連と張り合って、十五年で英米に追いつくとぶち上げた。党中央は熱に浮かされた。ノルマは下級に伝えられるたび膨らみ、無能と思われないための水増し報告が積み上がった。大豊作、大増産の一人歩きだ。人民公社の食堂の食べ放題も輪をかけた。大飢饉が始まり、餓死者は一千五百万人に達した。劉少奇は人民公社を手直しし、家族に責任を持たせて生産をテコ入れした。大躍進の責任を追及された毛沢東は深く恨み、劉少奇の打倒を決意する。資本主義復活を企む実権派と戦う、共産党内の階級闘争が始まった。

《毛沢東個人の意見が全党で可決した決議とぶつかった時には前者が優先され、指導者個人が党を蹂躙し始めた》。党が正しいルールに戻る機会が何度かあったが空しかった。文化大革命で劉少奇が命を失い、鄧小平が打倒され、林彪が失脚し、多くの党員が悲惨な運命に見舞われた。この異様な党のあり方を深刻に反省した鄧小平は、のちに改革開放で党の何をどう変えるかの骨格を頭に刻んだ。

毛沢東時代をどう評価すべきか。《一九五二～一九七八年の間に工業総生産額は一七倍に増加し、年平均成長率は一一・三%》だった。実際この時期の成長は目覚ましかった。が、大躍進と文化大革命がダメージを与えた。胡教授の推計によると、長期潜在成長率約九%に対し《一九五七～一九七八年が五・四%》で《政策決定の誤りによる経済損失は、経済成長率の三分の一～四分の一に相当する》、という。このほか、教育機会を奪われた人材の喪失や人心の荒廃、社会秩序の混乱も深刻だ。

毛沢東の失政をもたらしたのは体制の欠陥だと著者は言う。指導者の終身制。党規約の空文化。《「文化大革命」は鄧小平が改革開放を始めた直接的動機であり、政治的・社会的安定を保つことができた根本的要因でもあった》。文革の災厄から、人びとは教訓を学んだのだ。

毛沢東の歴史的評価は中国では、現在でも「敏感」な問題である。胡教授は公平に、客観的・科学的に、この問題を追い詰める。動乱の渦中で青年期を過ごした経験と、経済学者としての見識に基づき、党関係の膨大な資料を読み抜いた本書は、待望の中国の自己認識の書だ。日本語訳文も正確で読みやすい。中国関連の必須図書として、全国のなるべく多くの図書館に一冊ずつ備えてもらいたい。

（日中翻訳学院 本書翻訳チーム訳）

俳優・旅人 関口知宏 著
「ことづくりの国」日本へ

そのための「喜怒哀楽」世界地図　**新装版**

ＮＨＫ「中国鉄道大紀行」で知られる著者が、人の気質要素をそれぞれの国に当てはめてみる「『喜怒哀楽』世界地図」持論を展開。

四六判 248 頁 並製　定価 1800 円 + 税
2018 年刊　ISBN 978-4-86185-266-4

第19回「中国人の日本語作文コンクール」受賞作品集

囲碁の智恵を日中交流に生かそう
中国の若者たちが日本語で描いた未来ビジョン

段躍中 編

日中平和友好条約締結45周年を記念して開催された第19回コンクールの受賞作品集。最優秀賞（日本大使賞）から三等賞までの受賞作品61本を全文収録！

受賞作品集 シリーズ好評発売中！

A5 判 228 頁 並製　定価 2000 円 + 税
2023 年刊　ISBN 978-4-86185-341-8

---

20 世紀前半における中日連載漫画の比較研究

徐園 著

竹内オサム 同志社大学名誉教授 推薦！
「この本は、日本と中国の漫画の歴史に目配りしながら、漫画とは何かを探求する、極めて真摯な比較漫画論である」

四六判 264 頁 並製　定価 4500 円 + 税
2024 年刊　ISBN 978-4-86185-342-5

ポストコロナ時代の若者交流
日中ユースフォーラム 2020

垂秀夫 第16代在中華人民共和国日本国特命全権大使 ご祝辞掲載

日中の若者たちがネット上に集い、ポストコロナ時代の国際交流について活発な討論を行った開催報告書。日中両国に新たな活力とポジティブエネルギーを注ぎ込む一冊。

四六判 168 頁 並製　定価 1800 円 + 税
2021 年刊　ISBN 978-4-86185-308-1

悠久の都 北京
中国文化の真髄を知る

劉一達 著　李濱声 イラスト
日中翻訳学院 本書翻訳チーム 訳

風情豊かなエッセイとイラストで描かれる北京の人々の暮らしを通して、中国文化や中国人の考えがより深く理解できる。国際社会に関心を持つすべての方におすすめの一冊！

四六判 324 頁 並製　定価 3600 円 + 税
2022 年刊　ISBN 978-4-86185-288-6

病院で困らないための日中英対訳
医学実用辞典

根強い人気を誇るロングセラーの最新版

海外留学・出張時に安心、医療従事者必携！指さし会話集＆医学用語辞典。全て日本語（ふりがなつき）・英語・中国語（ピンインつき）対応。

推薦　岡山大学名誉教授、高知女子大学元学長 **青山英康**医学博士
高知県立大学学長、国際看護師協会元会長 **南裕子**先生

A5 判 312 頁 並製　定価 2500 円 + 税
2014 年刊　ISBN 978-4-86185-153-7

日中国交正常化の舞台裏
—友好を紡いだ人々—

喩杉 胡一平 総編集
日中翻訳学院 本書翻訳チーム 訳

中華人民共和国建国から日中国交正常化、そして現代に至るまで、日中間の民間交流を支え続けてきた「草の根外交」を振り返る一冊。

四六判 288 頁 並製　定価 3600 円 + 税
2023 年刊　ISBN 978-4-86185-335-7

日中文化 DNA 解読
心理文化の深層構造の視点から

北京大学教授 尚会鵬 著
日本女子大学教授 谷中信一 訳

昨今の皮相な日本論、中国論とは一線を画す名著。
中国人と日本人の違いとは何なのか？文化の根本から理解する日中の違い。

四六判 250 頁 並製　定価 2600 円 + 税
2016 年刊　ISBN 978-4-86185-225-1

日本僑報社好評既刊書籍

わが七爸《おじ》 周恩来

第1位 Amazon ベストセラー 〈歴史人物評伝〉(2022/9/29~10/1)

周爾鎏 著
馬場真由美
松橋夏子 訳

親族だからこそ知りえた周恩来の素顔、真実の記憶、歴史の動乱期をくぐり抜けてきた彼らの魂の記録。

A5判280頁 上製 定価3600円+税
2019年刊 ISBN 978-4-86185-268-8

若者が考える「日中の未来」Vol.5

中国における日本文化の流行

第1位 Amazon ベストセラー 〈中国の地理・地域研究〉(2020/5/13)

宮本雄二 監修
日本日中関係学会 編

2018年に日本日中関係学会が開催した第7回「宮本賞」(日中学生懸賞論文)の受賞論文14点を全文掲載。若者が考える「日中の未来」シリーズ第5弾。

A5判192頁 並製 定価3000円+税
2019年刊 ISBN 978-4-86185-271-8

若者が考える「日中の未来」Vol.10

アパレル企業の発展とインフルエンサーの発信力

宮本雄二 監修
日本日中関係学会 編

若者が考える「日中の未来」シリーズ第10弾!
2023年に開催された第12回「宮本賞」(日中学生懸賞論文)の上位受賞作13本を全文掲載。

A5判208頁 並製 定価3600円+税
2023年刊 ISBN 978-4-86185-346-3

新疆世界文化遺産図鑑

永久保存版

小島康誉、王衛東 編
日中翻訳学院 本田朋子訳

「シルクロード:長安-天山回廊の交易路網」が世界文化遺産に登録された。本書はそれらを追力あるフルカラー大型写真で収録、あわせて現地専門家が遺跡の概要などを詳細に解説。

変形A4判114頁 並製 定価1800円+税
2016年刊 ISBN 978-4-86185-209-1

「一帯一路」共同建設10周年

現地レポートから見る実情と全体像

人民日報国際部 国際交流研究所 編
日中翻訳学院 訳
岡田実 監訳

この十年間、中国および世界はいかなる発展のチャンスを得てきたのか。人民日報の記者による世界各国からの「一帯一路」共同建設についての現地レポート。

四六判228頁 並製 定価2800円+税
2023年刊 ISBN 978-4-86185-343-2

日中中日翻訳必携 **実戦編Ⅲ**

美しい中国語の手紙の書き方・訳し方

千葉明 著

武吉次朗先生推薦! 中国語手紙の構造を分析して日本人向けに再構成し、テーマ別に役に立つフレーズを厳選。元在ロサンゼルス総領事・元日中翻訳学院講師の著者が詳細に解説。

A5判202頁 並製 定価1900円+税
2017年刊 ISBN 978-4-86185-249-7

対中外交の蹉跌

—上海と日本人外交官—

元在上海日本国総領事
片山和之 著

戦前期上海は、日本の対中外交上の一大拠点であった。上海で活躍した外交官の足跡をたどり、彼らが果たした役割と限界、そして対中外交の蹉跌の背景と、現代の日中関係に通じる教訓と視座を提示。

四六判336頁 上製 定価3600円+税
2017年刊 ISBN 978-4-86185-241-1

中国の“穴場”めぐり

日本日中関係学会 編
宮本雄二氏推薦

【特別収録】
関口知宏が語る「異郷有悟」
日本との違いをかき集める旅
—中国鉄道大紀行3万6000キロで見つけたこと—

A5判160頁 並製 定価1500円+税
2014年刊 ISBN 978-4-86185-167-4